東大合格はいくらで買えるか？

布施川天馬

星海社

286
SEIKAISHA SHINSHO

はじめに

　ここに、小学3年生の子どもがいるとします。周りと比べて特筆すべき頭のよさもない、ごく普通のお子さんです。その子を、この状態から東京大学に入れるためには、いったいいくらの教育投資がかかると思いますか？

「そんな仮定の話をされてもわからない」と考える方もいるでしょう。「その子の能力による」と言う人もいるでしょう。

　しかし、我々は今回この本のために独自調査を行い、ある仮説を立てることができました。１３８０万円です。**１３８０万円を教育に注ぎ込めば、平凡な小学3年生が東京大学に合格できる可能性が出てくる**のです。

　本書は**「東大生の資格はいくらで買えるのか」「東大合格は日本円でいくらの価値があるのか」**を、東大生である筆者が真面目に検討したものです。東京大学の学生、卒業生合わせて100人にアンケートをとり、教育学に携わる大学の研究者に話を聞き、あらゆる角度から「東京大学に合格するために何円の教育投資が必要か」を考えています。先述の「1380万円」も、あてずっぽうではなく、多数のサンプルから**「才能に関係なく受かる東大合格ルート」**をシミュレートし、算出したものになります。

みなさんは、わが子を東京大学に合格させるには、いくらのお金がかかると思いますか？ また、いつから受験勉強を始めれば、わが子を東京大学へ送り出すことができると思いますか？

先日、X（旧Twitter）上で、アンケートをとってみました。質問項目は、「わが子を東大に送り出すには、いくらの教育投資が必要だと思うか」。ここでいう教育投資とは、学費に限らず、塾や予備校の費用、それらに通うための交通費、習い事の費用なども含みます。

Xの仕様上、4つの区分でしかアンケートで聞けなかったので、おおざっぱに「～500万」「500万～1000万」「1000万～1500万」「1500万～」で調査しました。アンケート期間が1日しかなかったのにもかかわらず、最終的な投票数は472票。だいぶ集まった方だと思います。各区分に対する投票のパーセンテージは以下の通りでした。

「〜500万」：11・2%
「500万〜1000万」：15・7%
「1000万〜1500万」：24・4%
「1500万〜」：48・7%

この結果を見てみると、世間の人々（少なくとも、普段から教育について情報発信している私のXを見ている人の多く）は、**東大合格までに1500万円以上の資金が必要だと考えている**ことがわかります。

このイメージはどこから来ているのでしょうか。

1つは、東京大学に通っている学生の多くが、富裕層出身であることが挙げられるでしょう。東京大学学生委員会が2021年度に実施した「学生生活実態調査」の報告書によれば、調査に回答したおよそ1700人の学生のうち、30%が世帯年収1050万円以上であると回答しています。「わからない」という回答を除いた、世帯年収が判明している学生約1300名内の割合に絞れば、約45%にもなります。実際は「わからない」としてい

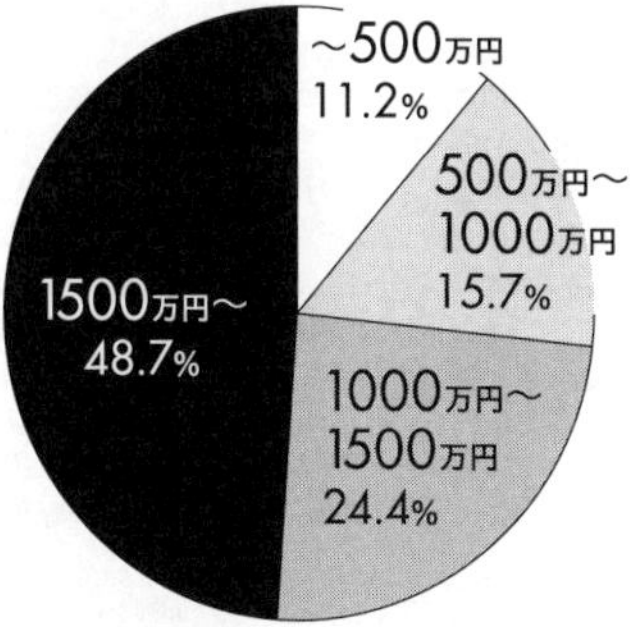

「東大までの教育投資にいくら必要と思うか」アンケート結果

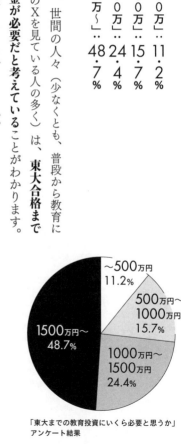

る学生も少なくない数が年収1050万円以上の世帯に生まれているでしょう。少なくとも**東大生の半数近くが世帯年収1050万円以上の世帯出身者**になります。

　これは2021年度の結果に限りません。同調査は毎年行われていますが、過去の調査を振り返ってみても、ほぼ毎年4割近く、もしくはそれ以上の東大生が世帯年収1000万円以上の世帯出身であるとされています。2022年に厚生労働省から発表された「国民生活基礎調査の概況」によれば、2021年時点での全国の世帯年収の平均値は545・7万円。総務省が201

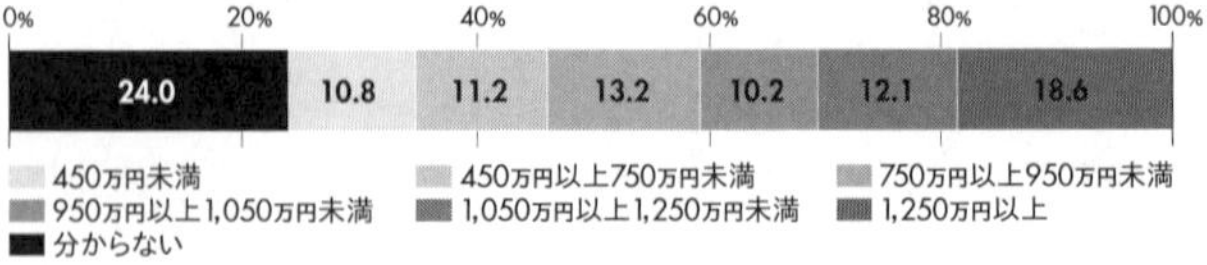

生計維持者の年間税込み収入の経年変化

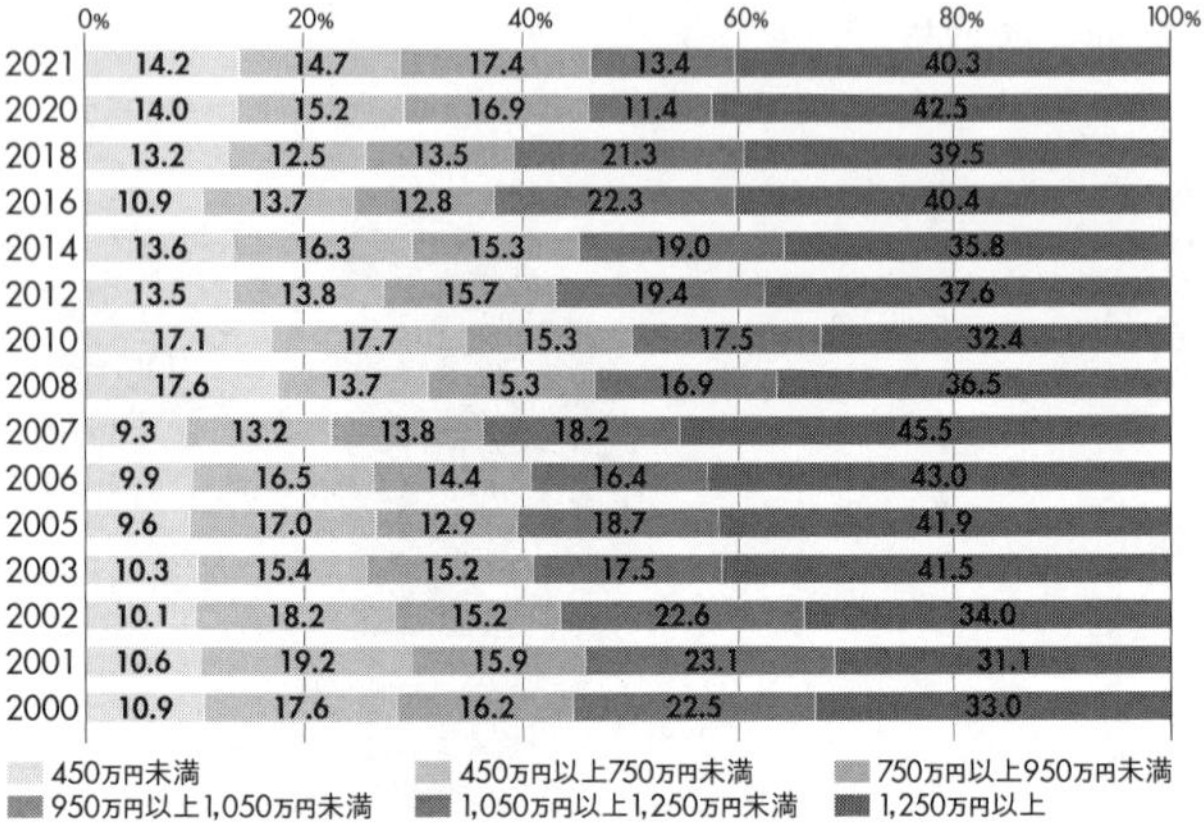

9年に行った「全国家計構造調査」によれば、47都道府県のうちで一番世帯年収の平均が高いのは東京都で、その金額は629・7万円です。すなわち、**東大生の親の大半は収入が全国平均のおよそ2倍**、世帯年収平均額が全国で一番高い東京に絞っても、その1・5倍以上の収入を得ていることがわかります。

これは冷静に考えてもとんでもないことです。東京大学は、お金がない人でも学べるように学費が安くなっている国立の大学でありながら、そこに入学しているのは富裕層の子どもたちばかり。**東大は実質、富裕層向けの大学になっている**と言っても過言ではないのではないでしょうか。

学歴社会化が進んでいる日本では、**良い大学に行けば行くほど、高収入を得やすい**ことがわかっています。これは、生涯収入の額を見るとわかります。例えば、ある会社に正社員として60歳の定年まで勤めたと仮定した場合、労働政策研究・研修機構による『ユースフル労働統計2022』によれば、男性は中学卒で1億9000万円、高校卒で2億1000万円、高専・短大卒で2億1000万円、大学・大学院卒で2億6000万円になるといわれています。また、女性は中卒で1億5000万円、高校卒で1億5000万円、高専・短大卒で１億７０００万円、大学・大学院卒で２億１０００万円となると推計されるそうです。このデータは、男女で賃金の差がありつつも、基本的には中卒よりも高卒が、それよりも大卒がより多くの賃金を得られることを示しています。

先ほど述べた「大卒」はいわゆる大学卒業者の生涯収入を推計したものですが、これを東京大学出身者に絞るとどうでしょうか。コンサルティング会社のＡＦＧが行った試算によれば、東京大学出身者の生涯収入は、推計で４億６１２６万円にも上ります。高卒で働いた場合の、２倍以上にもなる大差です。

これらのデータから予想できることがあります。それは、**東京大学を通して、富の再生産が行われている**ということです。優秀なエリートたちは東京大学へ入学し、そこから社会へ羽ばたいていきます。元東大生たちは社会でもその才能を遺憾《いかん》なく発揮し、バリバリ働きながら、出世競争に勝ち抜いていきます。そうして勝ち取った地位のもとで、得られる十分な収入を教育投資につぎ込んで、自分の子どもにエリートの教育を施します。そうして育った子どもたちの多くは、父や母のように東京大学を目指すでしょう。こうして、富裕層の子どもが富裕層になる再生産が行われているのです。

しかし、本当に**エリートの家庭に生まれるしか東大に合格する道はないのでしょうか？**

私は、世帯年収300万円台の家庭出身ですが、1年間の浪人の末に、東京大学に入学することに成功しています。わずかながら、そういった相対的貧困家庭からの東京大学出身者も存在しています。では、そういった人はいったいどれくらいの割合で存在し、どのように東大に合格しているのでしょうか。そして、多額の教育投資を受けながら、東京大学に手が届くことなく受験の場を去った人々とは、いったい何が違ったのでしょうか。

本書は、第1章で**「東大生には東京大学に合格するまでにいくらの教育投資がなされているか」**を検討します。それには、株式会社カルペ・ディエムさまと星海社さまの協力のもとに、東大生100人を対象としたアンケートの結果を利用します。教育投資の金額だけではなく、中学受験を行った回答者の割合や、中高一貫校に通っている人の比率などまで割り出し、検討を進めます。

第2章では、第1章で判明したデータをもとにして、**「効率よく東京大学を目指すための道筋」**を考えます。もちろん資本主義社会においてたくさんの教育投資をすればするほどに有利になることはわかりきっていますが、どのタイミングで、どこに教育投資をすべきなのかを検討していきます。また、逆に教育投資に使えるお金がない場合には、どのように戦うべきかまで考えていきます。

第3章では、世帯年収３００万円台の相対的貧困家庭から東京大学に合格した私と、偏差値35から東京大学に合格した、現役東大生作家の西岡壱誠さんとで対談を行い、**現代の受験戦争における問題点と攻略法**を問い直していきます。

そして第4章では、実際にふんだんな教育投資を受けて東京大学に合格した東大生や、お金をかけずに東京大学に合格した東大生たちに具体的なエピソードを聞いています。それぞれの戦い方と、小中高時代に考えていたことなどから、**子どもにとって最良の道**は何かを探っていきます。

そもそも、本企画は、**「受験にまみれた人生は本当に幸せなのか？」**という問いから始まっています。幼少期からわき目もふらずに受験ばかりに没頭すれば、いつかは東京大学に入れるかもしれない。でも、それで本当に幸せをつかめるのであろうか？　そう考えて、この企画を立てました。本書のテーマは「東大合格はいくらで買えるのか？」ですが、これは、「〇〇万円で東大合格を買ってください！」の意味ではありません。むしろ、「〇〇万円と、△年もの月日をかけてまで、東京大学には行く価値が本当にありますか？」と、みなさんに問い直す企画です。

世の中には「勝ち組」「負け組」という言葉が溢《あふ》れています。先日ある方に取材した際にも、お子さんが東大に入ったことを知ったお知り合いから「おめでとうございます！　勝ち組ですね！」とメッセージをもらい、面食らったという話を聞きました。

しかし**「東大に入れば人生勝ち組」、これは本当なのでしょうか？**　東大に入っていない方からすれば、そう見えるのかもしれません。ただし、実際に一浪して東大に合格した私はそうは思いません。東大受験にかかるお金、年月などを調べた上での個人的な結論としては、**「コスパ」や「東大卒」の名前以上に大事なものはある**と考えています。

この本を執筆するに至ったきっかけは、東京大学で出会った友人たちの家庭環境の闇にあります。私の出会った東大生たちには、親との関係性に悩んでいる人が多くいました。もちろん、親と仲良く付き合っている人もいましたが、あまり親との思い出を語りたがらない人がたくさんいたのです。

彼らの共通点は、受験にあります。彼らは、小学生のころから受験戦争に巻き込まれていました。小学校のころに友達と遊んだ時間や男女共学の高校に通って、友人たちと交友を深められた日々は、もはや二度と帰ってきません。失われた時間を取り戻すかのように、受験を終えてから必死に遊び続ける姿からは、違和感がぬぐえませんでした。

いったいなぜ、そこまでして受験の世界へ飛び込もうとするのか？　そもそも、東京大学合格にそこまでする価値があるのか？　どうして10歳のころから塾通いを続けて東大を目指す人生が存在するのでしょうか？

ここまでは金銭的な格差にのみ注目してきましたが、地理的な格差も語らなくてはいけません。実は、**東京大学の入学者のうち、毎年3分の1近くは、首都圏にある特定の10高校から輩出**されています。日本全国で名前が知られているはずの東京大学は、東京や大阪、神奈川など限られた一部地域出身の学生が大半を占めているのです。地方出身者であるだけでマイノリティになってしまう——東京にある大学なのだから当たり前かもしれませんが、実際に通っている身としては、もっといろいろな地域から学生が集まってきてもいいと感じます。東京大学に首都圏出身者が多いのは、受験戦争熱の高い地域が首都圏だからです。全国から才能のある若者を集めれば、東大生輩出地域の一極集中は解消されるはずです。

本書の最終的な目標は、東京大学に合格するための効率的な方法を模索することにあります。そうして、全国各地の受験生たちが、もっと気軽に東京大学を目指せるようになればよいのではないか。そうすれば、さらに多様化が進んで、東京大阪偏重の状況が変わるのではないかと信じています。

本書を書くにあたって、東大生100人を対象に、世帯年収や両親の学歴、小中高の教育投資の費用など「受験とお金」についてアンケートを実施しました。このデータ（以下「アンケート」）をもとにしながら、果たして東大合格はいくらで買えるのかを考えていきます。

目次

第2章 コスパのいい東大合格のための最適解は？　71

第3章 「教育とお金」で考える受験戦争の問題点と攻略法

第4章 東大合格者に「受験にかかったお金」を聞いてみた

第1章

東大合格には いくら必要か？

第1章ではまず、東大合格のために必要な金額を割り出していきます。東大生を対象に実施した本書独自アンケートでは、小学校、中学校、高校時代の教育関連費を聞いていきます。これは学校の授業料だけではなく、塾や予備校の費用や、参考書の購入費用、教育関連以外の習い事費用なども含みます。また、東大生の親の学歴と世帯年収の関係性などについても検討します。

東大生の親の学歴と世帯年収は？

まず私たちは、東大生100人を対象として、世帯年収を尋ねました。結果は次の通りです（n＝100）。

200万～400万：3％
400万～600万：11％
600万～800万：17％
800万～1000万：16％
1000万～1500万：28％

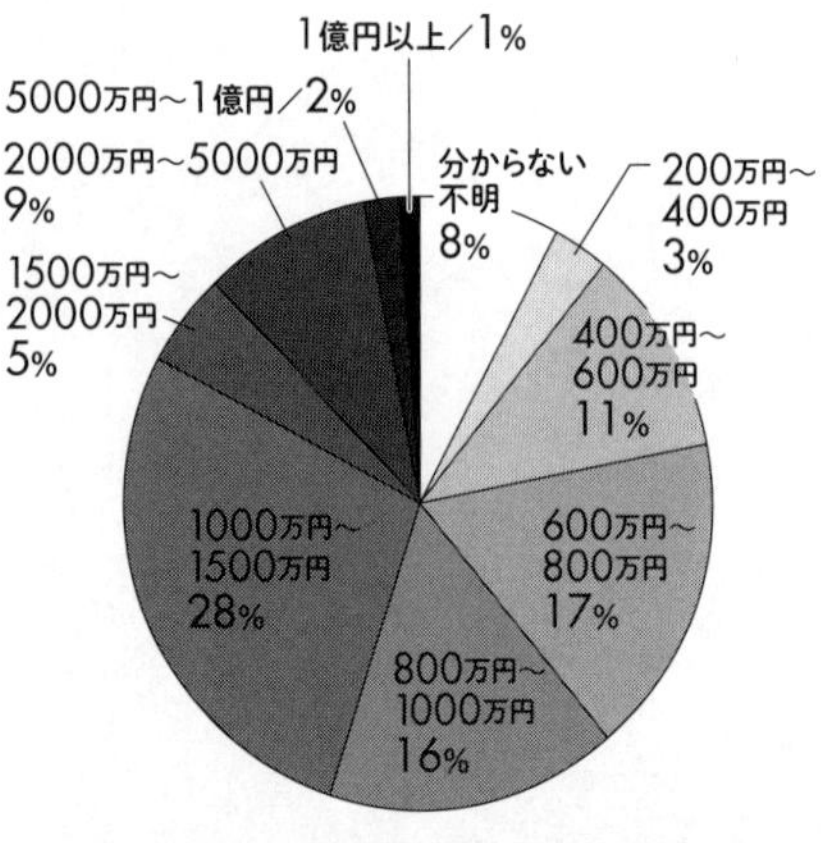

本書独自アンケートに基づく東大生の家庭の世帯年収

1500万～2000万：5％
2000万～3000万：6％
3000万～4000万：1％
4000万～5000万：2％
5000万～6000万：2％
1億～：1％
わからない：8％

200万円から400万円が3％ほど。東京大学の実施している2021年度の学生生活実態調査からみると、世帯年収450万未満の家庭が10・8％存在するようなので、今回の調査ではかなり少なめに出ているようですが、どちらにせよ東京大学の全体の中でマイノリティなのは否めません。

問題は、世帯年収が全国平均値の545・7万円を上回る、600万～800万より上の回答者の割合でしょう。92人中の78人なので、回答者のうち84％が世帯年収の全国平均を上回る家庭出身者であることがわかります。世帯年収1000万以上の家庭に絞っても、

92人中45人なので、およそ48％の方が全国世帯年収平均の約2倍以上の家庭出身であることがわかります。

なお、2021年度に実施された東京大学の学生生活実態調査（n＝1510）では、次のような年収分布になっています。

450万円未満	10・8％
450万円以上750万円未満	11・2％
750万円以上950万円未満	13・2％
950万円以上1050万円未満	10・2％
1050万円以上1250万円未満	12・1％
1250万円以上	18・6％
わからない	24・0％

この数値と我々の実施した年収分布では異なる部分も多いですが、「わからない」と回答した24％の人を除いたうち、世帯年収950万円以上の家庭の割合に絞れば53％となり、

我々のとったデータの48%とある程度近似します。少なくとも世帯年収1000万円以上の家庭出身者の割合については、我々のアンケートはサンプル数こそ少ないものの、信頼が置けると考えていいでしょう。

また、今回のアンケートでは東大生の親の学歴も調査してあります。一般的には中卒より高卒が、それよりも大卒の年収が高くなる傾向にありますが、今回とったデータでも、おおよそ同じような分布が見られました。特に父親が4年制の大学を出た家庭の世帯年収の平均は高い傾向にあり、父親の学歴が世帯年収に、ひいては子どもの学歴に影響している可能性も否めません。なぜならば、世帯年収が高ければ高いほどに、世帯の可処分所得の総額は増えるため。当然、教育投資にかけられる金額も大きくなるからです。

ここまでの話から、必然的に**「親がたくさんお金を稼いでいるから、教育にお金をつぎ込めるので、結果的に成績が上がっている」**シナリオが出てきます。しかし、これは本当なのでしょうか。ここまでの話はすべて推論にすぎず、「お金持ちが教育に大量の投資をしている」保証はありません。東大に合格する子どもたちは、自らの努力によって、もしくは自らの才能で合格していることもあり得ます。

本アンケートでは、ここを確かめるために、小学校、中学校、高校でどれだけのお金を教育投資として費《つい》やしたか伺《うかが》っています。ここからは、東大生が大学入学までにどれだけの教育投資をかけられてきたのかを考えていきます。

東大生の誕生月と出身地域は？

まず、誕生月を調べてみました。これは、前提として早生まれが不利になる傾向にあると考えたためです。一般に、4月生まれから3月生まれまでの人が同じ学年になりますが、4月生まれの人と3月生まれの人では、およそまるまる1年の差ができることになります。発達初期段階での1年間の遅れは、大きなものです。同じ小学校3年生だとしても、小学校3年生の中で一番成長が早い人と、限りなく小学2年生に近い人とでは、勝負になりません。

これは運動能力だけではなく、勉強にも及びます。この発達の差は、成長していくにつれて徐々になくなっていきますが、発達初期段階でついた差から「自分は勉強ができないのだ」と思い込んでしまう可能性があります。極端な話、本当ならば東京大学に行けるポテンシャルがありながらも、「勉強が苦手」と思い込んだまま一生を終えてもおかしくありません。そのため、私たちの立てた仮説は、「東京大学出身者には3月生まれが少ないのではないか」です。逆に4月〜6月生まれが多いと予想していました。

結果から言うと、少なくとも今回のアンケートにおいては、まったくそのような傾向は現れませんでした。4月生まれから3月生まれまで、およそ均等に7%〜10%程度ずつ分布しており、ここに有意な差は見られませんでした。そのため、**東京大学に行くのに、生まれ月はそこまで関係ない**可能性があります。

出身地域は、首都圏が多い傾向にあります。今回とったアンケートでは、東京出身者が100人中の27人、神奈川出身者が13人。合計して40人が関東近郊の首都圏出身者になっています。大阪出身者や京都出身者は少なく、なぜか次点で多いのは宮城県出身者（7%）でした。これ以下の細々した数値にはあまり意味がないかもしれませんが、無作為に抽出した**東大生たちの出身地域を調べると、4割が東京や神奈川など首都圏近郊地域**であることは見逃せません。

　一般的に、東京や神奈川など、首都圏地域に生まれた方が受験は有利になります。なぜならば、それだけ優れた塾や予備校など教育サービスにアクセスしやすいためです。例えば、大手予備校グルー

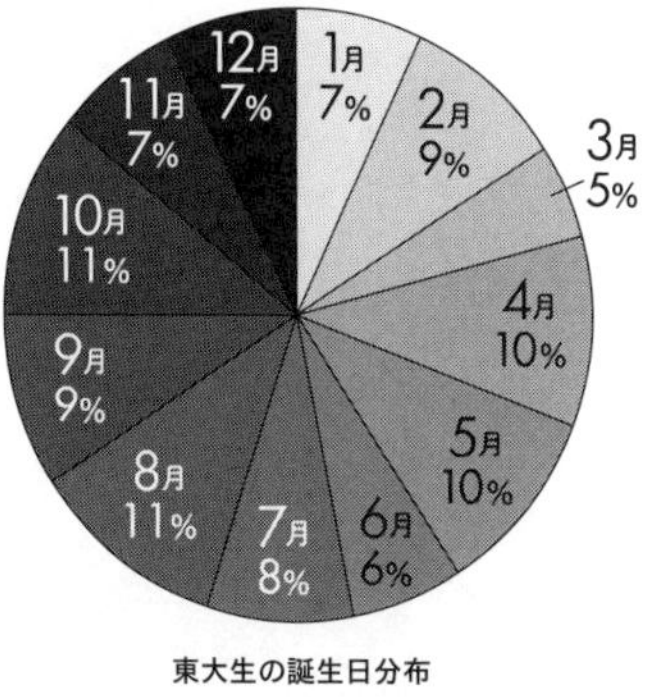

東大生の誕生日分布

プである駿台予備校に着目してみると、東京と大阪にはそれぞれ7校の校舎があることがわかります。一方で、関東・東海・関西以外の地域にはほとんど校舎がありません。札幌、仙台、広島、福岡にそれぞれ1校ずつあるだけです。

私は、以前より地方から東京大学に合格した学生にインタビューして、その困難性を世間へ伝える記事を作っています。ある時、香川県から東京大学に合格した学生に話を聞く機会がありました。彼の言葉でひとつ、印象に残っていることがあります。それは、**「予備校の授業を受けるために香川から大阪まで行った」**でした。

私は東京の出身です。東京には様々な予備校があり、新宿、池袋あたりに出れば、誰でも手厚い教育サービスを受けることができます。その際の交通費も、東京近郊に住んでいればせいぜい片道300円～400円程度もあれば足ります。私にとって、教育サービスは、「いつもすぐそこにあるもの」でした。

一方で、香川県に住む彼にとって、教育サービスは「すぐそこにあるもの」ではありません。大手予備校である駿台の校舎は四国になく、河合塾もマナビスという衛星予備校が県内に1つあるのみ。たまの休みに特別講義を受けたいなら、高額な交通費と、時には宿泊費を出して、大阪など都会へ行くしかありません。彼にとって、教育サービスにアクセスすることは、大変困難を伴うものでした。

また、沖縄から合格した別の学生に話を聞いたこともありました。彼は、塾なしで東大に合格した傑物です。しかし、その本当の理由は、「塾に通いたかったけれども、近くにまともな塾がないから」でした。塾に通いたいと望んでも、近くにまともな塾がないパターンもあります。四国ならともかく、沖縄から本州へ渡ってくるのは並大抵の覚悟ではいけません。地方から東京大学に合格する学生の少なさは、教育投資に対する意識の低さもあるかもしれませんが、どこかに投資したくとも投資先が存在しないことも原因でしょう。

東大合格にかかるお金の平均値は？

アンケートの結論を述べると、東大生に聞いた結果では、「東大生になるまでの教育投資」の総額の平均は700万円でした。内訳は、小学生の時におおよそ200万円、中学生の時におおよそ200万円、高校生〜浪人時に300万円です。これは、いわゆる塾や予備校の費用だけではなく、学校の授業料や、ピアノなど勉強以外の習い事の月謝も含む数字です。

この数字を見て、みなさんは高いと思ったでしょうか。低いと思ったでしょうか。東大生の自己申告による数字ですから、非常に高い信頼性があると思われるかもしれません。ですが、我々はこの数字を信頼できないと判断しました。なぜならば、自己申告では塾に通っていたり、私立の学校に通っていたりしているのに、自己申告の数字上では100万円もかかっていないとしている回答者が非常に多かったためです。

小学生の塾は非常に高額です。コースにもよりますが、中学受験ともなると、年間100万円以上かかることも少なくありません。これが小学校4年生から続くので、しっかりと中学受験対策をしている前提で考えると、塾に通っているのであれば、最低でも250万円は使っている計算になります。また、中学校や高校で私立に通っていると、やはり年間当たり100万円近くの学費をとられることも珍しくありません。それにもかかわらず、自分に使われた金額が「100万以下」という答えを信用するのは、あまりにも無理があります。

もちろん、特待生の可能性は私も考えました。そのため、アンケート項目上には小中高各時代について、「学校や塾で特待生待遇を受けていたのか」と質問してあります。しかし、この質問に対して「いいえ」と答えているにもかかわらず、不自然なほどに教育投資の総額が少ない人がたくさんいたのです。

もっとも、親が払っている金額を子どもが知るはずもありませんから、これは無理もありません。そのため、我々は最初から「自己申告による数字」と「通っていた塾や予備校、学校などから推測される、よりリアリティのある数字」の2つの数値があることを考えていました。

我々が推計した「よりリアリティのある数字」による、**東大合格のための教育投資の平均値は約870万円**です。小学校に関しては、塾に通っていると申告した場合、250万〜300万円がかけられていると推測しました。また、ピアノやバイオリンなどの勉強以外の習い事はひとつあたり50万円としてカウントしてあります。この数字は公立校に通った人と私立校に通った人とを合わせてカウントしているので、実際に私立校に通った場合はもっと高い金額がかかってきます。

中学校と高校に関しては、私立校に通っている場合、年間の学費を100万円と見て、300万円で計算してあります。また、塾に通っている場合は、年間100万円で計算していますが、今回は1年間通っている想定で試算しています。また、浪人を申告している人は、浪数×100万円の追加投資を想定しています。

中学受験をする子どもは、小学校4年生くらいから塾に通い始めるケースが多いようなので、10歳から18歳までの9年間で870万円を投資することになります。1年あたり100万程度、月間だと8万円程度を教育関連にかけるイメージです。

総務省の統計局による家計調査を見てみると、2023年の7月から9月期の平均では消費支出が平均して約28・5万円（2人以上の世帯）になっています。実収入は1世帯当たり55・6万円となっているので、このうちから追加で10万円を教育投資に回すイメージになります。住んでいる地域の地価や物価などによっては少々きつい生活になりますが、不可能ではないラインでしょう。

小学校でいくらかかった？

我々の推計によれば、**東大合格者の小学校時代の教育投資の平均は約316万円**です。これは公立小学校に通ってほぼ学費ゼロの人から、私立小学校に通っている人まで含みます。

小学校での教育投資の使いどころは大きく分けて2種類です。ひとつは塾や予備校。もうひとつは勉強以外の習い事です。100人中76人が「塾以外の習い事をしていた」と回答しています。そのうち多かったのは、ピアノと水泳です。前項でも解説した通り、小学校時代の塾や予備校は1年あたり100万円程度かかります。そのうえで、中学受験の基本は小学校4年生から3年間通うことです。塾によっては小学校4年以降の入塾を断っているところもあり、現在の受験対策の早期化が見て取れます。

ちなみに家庭教師を活用している家庭は少なく、今回の調査では100人中9人のみが「家庭教師がついていた」と回答しています。家庭教師がついているかよりも、塾に通っているかの方が重要なのかもしれません。

小学校時代の塾通いの比率は？

100人中64人が小学校の時に「塾に通っている」と回答しており、そのうち一番多かったのは日能研でした。次点でSAPIXと公文式が続きます。日能研、SAPIXは中学受験では特に有名なので、知っている方も多いかもしれません。

参考までに日能研の授業料を見てみると、小学校4年生時点での月謝はおよそ2万円となっています。しかし、これはあくまで小学校4年生時点のものであり、小学校5年、6年と年次が上がっていくにつれて、徐々に学費は高くなっていきます。追加で入会金や模試の費用、教材費などがかかります。初期費用としては12万程度を見ておくといいでしょう。

また、ホームページで公開されている講習費一覧には、「期間講習」の費用が載せられていません。期間講習とは、夏休みや冬休み中に開講される特別講座のことで、建前上では参加自由となっていますが、期間講習まで参加して初めてカリキュラムが終了するなど、実質強制参加になっているケースも少なくありません。

期間講習は、その塾にもよりますが、1講座あたりのバラ売りになっているケースもあります。1つ授業を受けるたびに2万円〜3万円払わなくてはいけなくなることも珍しくなく、非常に高額になる傾向があります。参考までに、日能研が2023年に出している夏期講習のチラシを見てみると、小学校6年生向けの夏期講習は、4教科受講の総額が199650円、2教科受講の総額が130350円となっています。

塾以外の習い事は？

ピアノは多くの東大生が触れている習い事です。今回調査した中では、**東大生100人中42人がピアノを習っていた**と回答しています。また、そのうちの24人が世帯年収100

0万以上の家庭出身者でした。世帯年収が高額な家庭であればあるほど、ピアノを習わせているると考えられるかもしれません。

中学受験率は？

中学受験をした比率は、100人中62人でした。塾通いをしていた人のほとんどは中学受験をしているようです。受験先としては、灘、開成、麻布、桜蔭や豊島岡女子学園など、有名どころが多い印象です。中学受験をしている人の世帯年収は1000万以上の家庭から400万〜600万の家庭まで、幅広く存在しています。ここに年収による有意差は見られませんでした。

逆に中学受験をしていない人の多くは、そのまま学区の中学校に進学しています。中学受験をする人の多くが中高一貫校に通うので、中学受験は早めの高校受験と見て取れるでしょう。ここで失敗した人でも、高校受験でリベンジを図るケースもあります。

中学受験の利点はいくつかありますが、やはり大きいのは「高い教育水準へアクセスできること」でしょう。中学受験を通じて進学

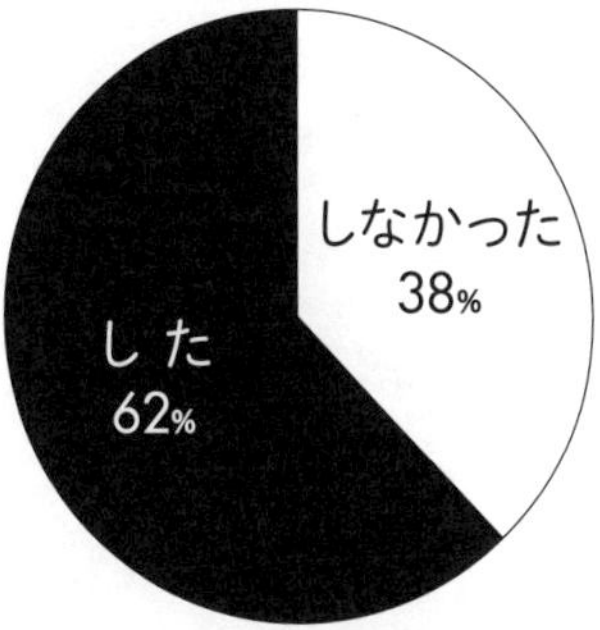

東大生の中学受験率

する学校は、通常教育水準が学区の公立中学校よりも高く、質の高い教育プログラムを受けられたり、特別なカリキュラムに参加できたりします。これらは、お子さんたちにより高度なスキルや知識を身につけてもらうのに役に立ちます。優れた中学校には、教育環境が整備されているので、勉強に専念するためのリソースや設備が整っています。

例えば、行われる授業がどこまで詳しく教えてくれるかで考えても大きな違いがありますし、それらの授業を経て出てきた質問に対して、どれほど手厚く対応してくれるかも、学校によって異なります。一般的には、良い中学校であればあるほどに、良い学習環境が提供されます。高校受験をするにしても、中学校の内容をより高いレベルで学ぶことができるため、公立中学校に通う生徒よりも比較的有利な位置からのスタートを切りやすいことは間違いありません。

また、将来の進学機会を拡大するものでもあります。優れた中学校、特に有名私立中高一貫校を卒業することで、偏差値の高い大学へ通うチャンスが生まれます。一般的に中学受験で一部の中高一貫校が有名になっているのは、東大進学率の高い高偏差値の高校へエスカレーター式に上がっていく権利が手に入るためです。

大学受験でカギを握るファクターの一つは、どれだけ優れた高校に通っているか。優れた中学校に通っておくのは、ひとつの選択肢となりえます。特に浪人が一般的ではない高校受験において一発逆転を狙うよりも、中学受験をしておいた方が、保険をかけられます。仮に失敗してしまっても、高校受験で再度リベンジすればいい。

また、中学受験は将来の人間関係の構築にも役に立ちます。例えば、開成中学校や灘中学校の学生たちは、そのうちのほとんどが東大志望。そうして、毎年100人以上の合格者を出します。ここで忘れてはいけないのは、彼らの多くは、あらかじめ知り合いであったことです。東大の入学式で交わされる言葉の多くは、「はじめまして」ではありません。「おお、君も合格していたのか。久しぶり！」です。ある特定の学校から多くの学生が合格するからこそ、東大での人脈形成は中学校から始まっているといえます。

実際、東京大学に入ってから、クラス内で活躍するのは、開成や灘出身の学生たちです。彼らが優れていることは疑いようもありませんが、そこは理由ではありません。東大には開成高校や灘高校出身者が非常に多いため、入学したばかりであっても、既に人脈ネットワークが完成しているのです。だからこそ、クラスやサークル内での渉外を担当するのは、ほとんど彼らの役目になります。知り合いの少ない他校出身者があたるよりも、少ない労力で仕事ができるためです。

知り合いの先輩や後輩も数多くいるため、彼らから試験の過去問を融通してもらうことも容易です。サークルに入っても部活に入っても、彼らがゼロからのスタートを切ることはありません。基本的にはどこに行っても知り合いがいます。**日本のエリート層の人脈形成は、もはや中学校時代から始まっています。**

東大生が「小学校時代の投資として無駄だった」と振り返ること

無駄だった教育投資は「特になし」という回答が多かったのですが、少ない回答の中で多かったのは**「通信教育」**でした。学校の進度と大きく異なっている点や、教材過多になってしまった点を指摘する声が多くありました。

また、一部の塾については、そこに通う生徒のモチベーションや授業のレベルが低かったことを理由として、通わない方がよかったとされています。ひとくちに塾と言っても、超進学塾から学校の勉強の補習をする塾まで様々なので、もし入塾を検討するのであれば、お子さんの理解度や勉強意欲などから適切な塾を判断するといいかもしれません。例えば、学校の補習塾などは学費が比較的安くなる傾向がある反面、そこまで高レベルなことは教えてくれません。また、そこに通う生徒のモチベーションも高くない傾向にあります。場合によっては、いざ授業に出てみたら欠席者ばかりだったなんてことも……。

逆に、日能研やSAPIXのような進学塾の場合、学校で教えられることはすべて理解している前提で話が進みます。補習を目的としてこれらの塾に行っても、目当ての指導は受けられない可能性があります。また、これらの塾は成績ごとに生徒のクラスを管理しており、生徒間の争いをモチベーション維持に利用しているため、あまり学習意欲が高くないと、嫌になってしまうかもしれません。一方で、生徒の受験モチベーションは高い傾向にあるため、しっかり勉強したい人にはこちらのタイプの塾が向いているでしょう。

ある東大生は、**「教育投資があったから今の自分があることはわかっているが、それでも小学校時代の遊ぶ時間をつぶしてまで勉強をする必要があったのかは、いまだに自分でもわかっていない」**と答えています。人生は一度きりで、ほかの人生を体験できない以上、仕方のない悩みではありますが、もし中学受験を全力で行うのであれば、小学校時代の遊びの時間を削って勉強に振ることになります。

筆者である私自身は、小学生のころ、友人たちといろいろな公園やアスレチックで日が暮れるまで遊んだ思い出を持てていることに感謝しています。ただ、人によっては、もっと勉強して、より優れた中学校に通った方がよかったと考える人もいるでしょう。どちらも同じ人生ですが、どちらを選んでも、後悔が生まれる可能性はあります。お子さん自身が受験をしたいのであればよいですが、そうでなかった場合には、お子さんの小学校時代の思い出を奪って勉強させることになる。これを忘れてはいけません。

中学校でいくらかかった？

中学校では平均して約２４３万円がかけられているようです。このうち、多かった教育投資先としては、学校の学費と塾代が挙げられます。小学校のころは私立に通う生徒の割合が6％と非常に少なかったのですが、中学校になるとこれが大幅に増えて、45％にも達します（海外の日本人学校含む）。

ただ、後述しますが、私立中学校に通うだけで３００万円支払う必要が出てくるので、私立中学校と公立中学校では大きな差がありそうです。そこで、今回とったデータを「公立中学校に通っていた人」「私立中学校に通っていた人」に分けて、それぞれ平均をとってみました。すると、**公立中学校に通っている人の３年間の学費平均額は１２５万円**、**私立中学校に通っている人の３年間の学費の平均額は３４７万円**となりました。それぞれ、学校に通いながら、１年間だけ塾に通っていたと仮定すると、ちょうど収まる金額になります。

私立中学校に入ると、どれほど学費を払う必要があるのでしょうか。例として開成中学校の学費等納入金を見てみましょう。納入金は以下のようになっています。

入学金：320000円
施設拡充資金：120000円
授業料：410000円
施設維持費：6000円
実験実習料：6000円
父母と先生の会会費：2800円
生徒会会費：550円
学級費：学年により変動
（2022年度第1学年は115000円）

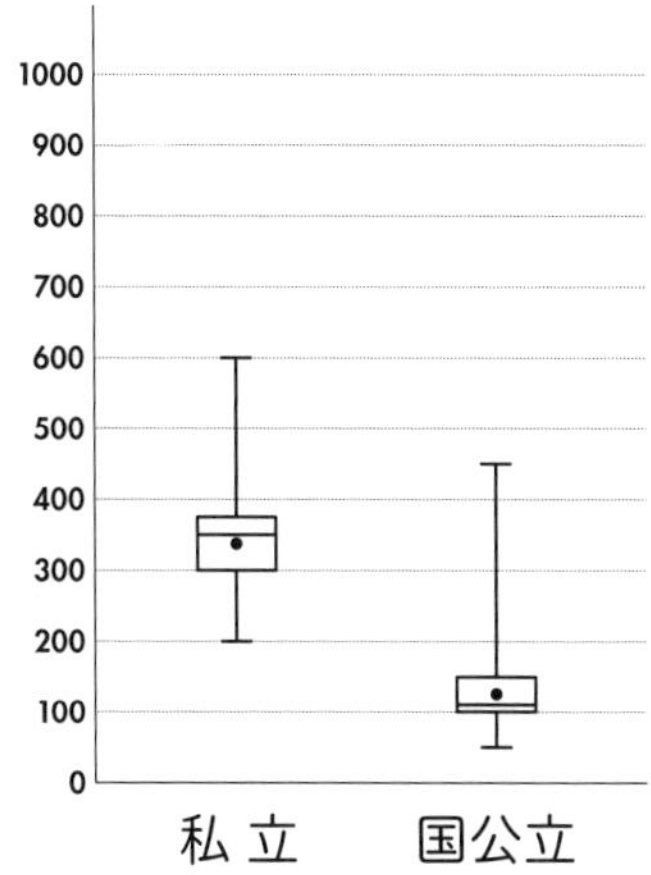

中学校にかかる費用

入学金と施設拡充資金については、入学手続き時に納入するもので、授業料・施設維持費・実験実習料・父母と先生の会会費は月額です。また、施設拡充資金は2年生以降毎年年額70000円を払うことになっています。この場合、開成中学校に入学したと考えると、初年度は1116200円＋学級費の支払いが発生します。仮に学級費が2022年度第1学年と同じく115000円だったとすると、初年度に支払うべき合計金額は、1231200円となります。

第2学年以降は861200円（学級費が115000円と仮定した場合）になるので、3年間では2953600円で、さらに制服代や往復の定期代などが加算されます。制服代は6〜7万程度が相場のようなので、仮に65000円とすると、3018600円。東京都内に住んでいるとして、電車の定期代が月額5000円とすると、5000円×12か月×3年で18万円。総額では300万円を超えてきます。

これは開成中学校の例ですが、ほかの私立中学校でも似たような結果になるでしょう。女子の御三家として有名な桜蔭中学校の学費は年間で816100円にもなりますから、開成の結果はまだマシな方かもしれません。我々の推計では、300万円と計算していますが、**通う学校や住んでいる地域などによっては、私立中学の費用は400万円まで見え**

てくるでしょう。

中学校時代の塾通いの比率は?

中学時代に塾に通っていた人の割合は100人中42人でした。塾に通っているとした場合、ここでは1年だけ通っていると仮定して、100万円だけプラスしてあります。もちろん1年次から通っている人もいるでしょうし、いくつもの塾を掛け持ちしている人もいるかと思います。1年次から3年次まで通う場合には、さらにプラスで200万が、塾を掛け持ちする場合には、その分だけ100万円がかかってくると考えていいでしょう。

例として、河合塾の中高一貫校生向けコースである、「中学グリーンコース 中高一貫(速習)コース」の料金を見てみましょう。

入塾金：22000円
塾生サポート料：2750円(年額33000円)
授業料：127600円×講座数(中1・中2の値段)

いま中学校1年生の子どもが、新しく河合塾に入塾して、国語、数学、英語、理科、社会のそれぞれについて、1コマずつとったと仮定すると、69300円となります。これにプラスして、夏期講習や冬期講習のお金がかかってきます。夏期講習と冬期講習については、1講座あたり14300円（中1、中2）がかかるようなので、これも5教科で1コマずつとったとすると、143000円×5教科×2期＝1430000円となります。

そのため、この場合の総額は836000円となります。もしも苦手教科の復習や得意教科の予習などで個別指導をとった場合、個別指導は1コマ当たり通常講座の2倍程度の料金がかかるので、100万円を超えてきます。

どの塾にせよ、ある程度指導をしっかりしてくれる塾に入りたいと考えているのであれば、年額で100万円程度は見た方がいいでしょう。確かに夏期講習や冬期講習は任意でとる授業なので、これらをとらなければ節約にはなりますが、通う塾によっては、事実上特別講習もとらなくてはいけなくなることがあります。例えば、一部の予備校では、社会や理科のカリキュラムが、夏期講習や冬期講習までとって初めて終わるようになっています。こういった塾に通ってしまった場合、特別講習を受けないでいると、休み明けにまったく知らないところから授業が始まります。そうでなくとも、夏期講習などでは特別なプログラムを用意して、受講生とそれ以外に差をつけようとする傾向にあるので、事実上これらの講習は受講が必須です。

家庭教師の比率は少なく、「家庭教師がついていた」と答えたのは100人中3人のみでした。基本的に、現代の家庭教師は学校の授業などでの遅れを取り戻すためのものですから、やがて東大生になるほど頭がよい人たちにとっては、必要ないのかもしれません。

通信教育の比率は少なく出ました。88人中77人が「使っていない」と回答しています。通信教育の中で使用者が多かったのはZ会です。東京大学や京都大学をはじめとする名門大学へ毎年1000人単位の卒業生を送り込むZ会は、中学受験、高校受験もサポートしています。その難易度は折り紙付きですが、一方で、確かな実績に裏打ちされたきめ細かい指導は評判も良く、ついてさえいければ十分な実力が手に入ります。

勉強以外の習い事の比率も、中学になると一気に落ちます。小学校時点では100人中76人が「勉強以外に習い事をしていた」と回答していましたが、中学校に上がると、これが100人中24人までに減っています。この結果からは、中学に上がってからは勉強に本腰を入れていることが透けて見えます。人気だったピアノも、6名のみが「継続して習っていた」と回答しているため、多くの東大生は、小学校のうちにピアノを卒業してしまうのかもしれません。

中高一貫率は？

我々のアンケートでは高校受験をしなかった人は100人中54人いるので、**54%が中高一貫校に通っていた**といえそうです。「中高一貫校に通っていましたか？」とは直接質問していませんが、別の質問で「高校受験をしましたか？」と聞いているため、ここから中高一貫校に通っている人の割合を割り出しました。

もちろん、中高一貫校に通っていても高校受験をする人はいますし、高校に行かずに高等学校卒業程度認定資格をとって大学受験に臨むケースも考えられるので、54%は厳密な数値とは言えません。ただし、特に後者のような高校に行かずに東大を目指す人の数は大変少ないことが予測される（実際に高認をとって東大に来た人が知り合いにいるので、少なくとも何人かはいます）ので、54%と考えて問題はないと思います。

中高一貫校に通うメリットは様々ありますが、教育プログラムが一貫していることが、一番の利点と言えるでしょう。中学校から高校まで通う生徒が大半であるため、カリキュラムを高校までの6年間で組むことができます。早い学校では、高校1年生時点で3年生までのカリキュラムの大半を終えており、こうした学校に通っている人たちは、実に2年近くを受験に向けた演習に費やすことができます。そうでなくとも、多くの中高一貫校では高校2年生時点で3年生までのカリキュラムを終えることを目標にしているため、普通の高校生よりも多く演習を積む機会が得られます。学習はインプットのみならず、アウトプットによっても成り立つものですが、その機会を授業中に得られることは、多くの受験生にとって良い方向に働きます。そのため、中高一貫校は大学受験に非常に強い傾向があります。

また、高校進学が内部進学としてスムーズに行われるため、生徒たちは新たな環境に一から慣れていく必要がありません。周りにいる友達も、教えてくれる先生も、中学校時代と何ら変わりないケースが多いので、新たな環境に適応する努力が必要ないのです。そのため、生徒たちはそのリソースのうちの多くを自学自習に費やすことができます。新たな友達作りなど、人間関係構築に時間を割かなくてよくなるためです。

さらに、クラスメートや先生と長期的な関係を築けるため、その分だけクラスの結束も強まります。学習環境に絞ってみても、お互いに苦手な科目を教え合ったり、休み時間にクイズを出し合ったりと、切磋琢磨することができるようになるので、結束が強まることは、成績の向上につながる可能性があります。先生方からしてみても、6年間同じ生徒と付き合うことになるので、ひとりひとりの学習スタイルや癖を把握しやすくなります。そのため、効果的なサポートが望めます。

一方で、中高一貫校に通うデメリットがあることも確かです。例えば、高校の進学先が狭まることが挙げられます。中高一貫校に通う学生の多くは、基本的にそのまま高校へ進学するので、ほかの学校を受験する選択肢が見えにくくなります。ほかの学校や教育機関で受けられる教育カリキュラムを知らずに育つ可能性が高く、一時的に視野が狭まるかもしれません。また、受験を決意しても、周りの人にはなかなか言えませんから、仮に高校受験をする場合でも、必要以上に孤独を感じてしまう可能性があります。

また、一貫校の良さである一貫したカリキュラムや、同じ顔触れのクラスメートたちですが、これらに共感できない場合、6年間の学校生活が苦痛に感じられるかもしれません。そうした場合でも、一貫校特有の暗黙の了解である「みんなこのまま高校まで進学するよね」という空気を否定できず、なかなか高校受験に踏み切れなくなる場合があります。

さらに、同じ生徒や先生たちが顔を突き合わせ続ける一貫校は、受験戦争に強いのは確かですが、その代価として多様性を失っています。異なるバックグラウンドや視点を持った新たな友人を求める場合、高校入学時の人員入れ替わりが少ないため、別のコミュニティに入って探さなくてはいけません。

中学校時代に無駄だった教育投資は？

これも小学校時代と変わらず、特になしという声が大多数。中でも気になった意見をピックアップしてみると、**「塾を分散させる必要はなかった」**と答える人がいました。その方は、数学はこの塾、英語はこの塾と分散させながら通っていたようですが、あまり意味がなかったと感じているようです。

特化型の塾であれば、分散させる意味があるかもしれません。数学だけに特化した塾や、英語だけに特化した塾は、特に首都圏ならば多く存在しています。一方で、こうした塾に通う以上は、それなりの余裕がなくてはいけません。特化型の塾は、特化しているなりに、その教科へのアプローチ方法やサポートは手厚く幅広いものがあります。その代わりに、料金の方も総合型の塾とそこまで変わらないことがほとんどです。英語1科目、数学1科目だけで50万、100万と投資するのであれば、総合塾に通ってもらって、主要5教科すべてを幅広く見た方が、効率的かもしれません。

参考書についても言及がありました。小学校のころは多くの参考書を使っていた方から、**「最初は参考書をたくさん使ったが、塾に通い始めた時点でさっさとやめてしまった。これがよかった」**とコメントがありました。中学校以降も優れた参考書はよくありますが、塾のサポートもより手厚くなってくるため、これ以降はあまり多くの参考書に頼りすぎるよりも、塾の授業やテキストを信用した方がいいかもしれません。

高校でいくらかかった？

我々の推計による**高校の教育投資額平均は３１６万円**です。公立、私立の割合は、国立が５％、公立が44％、私立が51％になっています。ここまでくると、みなさん通われている学校名も錚々《そうそう》たる名前がそろっており、各県でも一、二を争うような超進学校に通われている方がほとんどのようです。

ただし、中学と同じく、私立に通う人と公立に通う人とでは、大きく学費に差があります。我々のとったデータによれば、私立に通う人の教育支出の平均は４２５万円、一方で、公立に通う人の教育支出の平均は１７１万円と出ています。なんと2倍以上の差が出てしまいました。私立高校に通うと学費で３００万円がかかる計算なので、それにプラスして

１３０万円ほどかけて塾に通わせている家庭が多いのでしょう。高校３年生時点で苦手科目だけ塾に通うと、おおよそこれくらいの額になると思われます。

公立校の学費は、これに比べると大変安く済みます。例えば都立高校の学費を見てみると、年額で１１８８００円。３年間でも36万円ほどで足ります。制服代などを鑑《かんが》みても、50万円もあれば十分でしょう。３年間で50万円を割るので、月額で考えると１・５万円ほど。無理なく支出できる範囲に収まります。ただし、公立高校に通っている人の平均も１７０万円となっているので、多くの人が塾に通っているのは間違いがないでしょう。

高校の学費についても考えてみましょう。有名私立高校である開成高校では、学費等納入金が以下のようになっています。

入学金：３２００００円
施設拡充資金：１２００００円
授業料：４１００００円

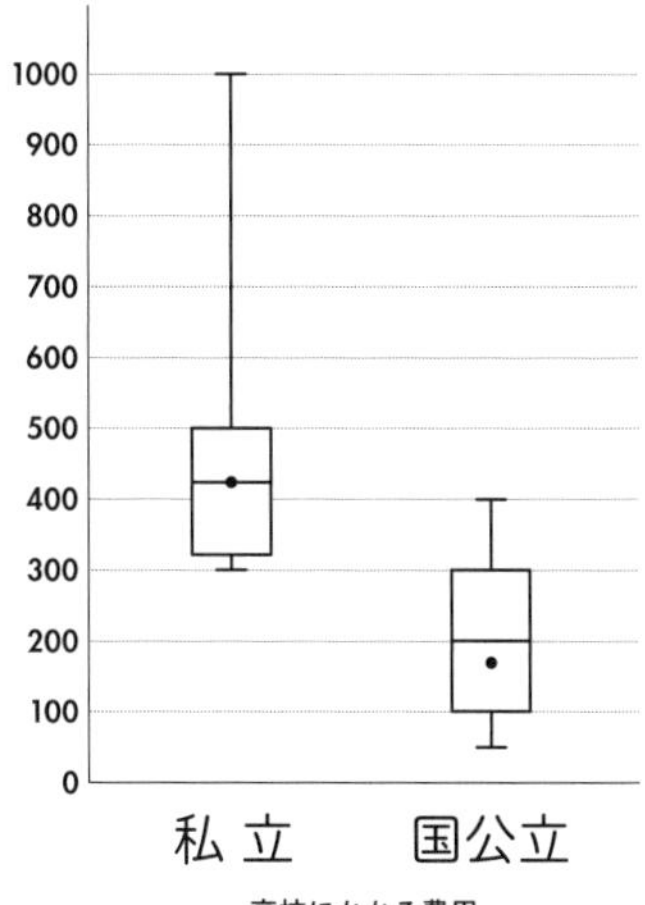

高校にかかる費用

施設維持費：6000円
実験実習料：6000円
父母と先生の会会費：2800円
生徒会会費：550円

中学と同じく、入学金と施設拡充資金は入学手続き時に納入、授業料などは月額費用になっています。そのため、基本的にはかかるお金もほぼ変わりません。およそ300万円といったところでしょう。ただし、ホームページによれば、2022年度第1学年の学級費は9万円となっているため、2022年度の第1学年に限れば、中学校の方が多少安く通えるのかもしれません。これは年度や年次によって変動するようなので、何とも言えないところです。

高校時代の塾通いの比率は？

高校時代に塾に通っている人の割合は65%でした。中学校よりも塾通いの比率は増えており、やはり高校からの大学受験に向けて準備をする家庭が多いのでしょう。

河合塾や、駿台予備校、東進衛星予備校など有名どころの名前が多くあがっていました。また、東大医学部専門対策塾として名高い「鉄緑会《てつりょくかい》」も中学校から変わらず通っている人がいるようです。

鉄緑会は、東大や医学部などに入学することを目的として勉強する学生が集まる塾です。その特徴は、異常なまでの授業スピードと課題量にあります。中学1年で中学全範囲の学習を終わらせ、中学3年までに高校全範囲を修了します。聞いた話になるのですが、鉄緑会に通っている人たちは、学校の授業中にも先生の話を聞かずに塾から出た課題を解いているのだそうです。それは、授業中にも集中してやりこまないと終わらない量の課題が出ているからです。東大合格率50%を誇る代わりに、普通の受験生の2倍以上の演習を積ませて徹底的にしごきあげるスパルタ方式の塾です。

一方で、去る者は追わず的な姿勢をとっているのも確か。課題量で生徒を窒息させる授業スタイルや、時に厳しすぎるような指導には否定的な声も多くあるのも事実です。また、鉄緑会には入ろうと思って入れるものではなく、やはり難しい入塾テストを突破しなくてはいけません。開成中学などの一部超進学校に入学できれば、中1の春のみ鉄緑会の入塾テストが免除されるのですが、そこまで頭のよい人が果たして鉄緑会に通う意味があるのかは、はなはだ疑問に思うところです。私の個人的な所感ですが、鉄緑会はもともと頭のいい人たちを徹底的に鍛え上げて東大を目指させる場所なので、「今は力不足だけど、頑張って努力して東大にチャレンジしたい」と考える人の通う場所ではありません。

例として、河合塾の高校コースの料金を見てみましょう。高校コースは中学コースと異なり、学年や受講目的、授業時間などによって細かく区分されています。

高校１年生が対面式授業で、１５０分の授業を受けた場合を想定してみましょう。この時、１講座当たりの授業料は６４５０円となり、4月から12月までの26回の講義で、合計１６７７００円となります。これはあくまで１つの講座を通年で受けた時のものなので、実際は１６７７００円×（受けるコマ数）となります。仮に国語・数学・英語・社会・理科の５科目で受講した場合には、１６７７００×５＝８３８５００円がかかります。さらに、これに加えて夏期・冬期の特別講習費用がかかります。これは河合塾生の場合、１コマ当たり１８７００円（２０２３年執筆時点）ですので、これも５教科分をとった場合には、１８７００×５＝９３５００円がかかります。これが夏期と冬期で１回ずつかかるので、合計額は１８７０００円です。**通常授業の料金と合わせて、ちょうど１００万円を超えてく**

る計算になります。

高校2年生になると、さらに料金は変わります。高校2年生の講義は、高校1年生の1月から始まります。スタート学期として、高1の段階から高2の予習などを行うのです。そのため、高2も1年間受講すると考えると、1講座あたり6450円が1月から12月までの35講で、225750円かかります。もちろんこれは1コマの授業を通年とった場合なので、複数コマとると、それだけ料金は倍されます。高校2年生からは多くの学校で文理選択が分かれますが、東京大学を受験する場合には、文系理系かかわらず、国語、英語、数学、社会、理科の5科目が必要になります。それぞれ1コマずつとったとすれば、225750×5＝1128750円かかります。これに夏期と冬期の特別講習が入るので、**高2の合計額は130万円ほど**になるでしょう。

高校3年生になると、なぜか同じ授業分数でも1講あたりの授業料が上がります。さらに、授業分数も180分授業が受講できるようになり、受験戦争が白熱してきたことを知らせてくれます。仮に対面型の180分授業を通年でとったとすると、1講あたり7950円が、スタート学期の1月から12月までの35講分で278250円となります。やはりこれも1コマ当たりの料金なので、実際はコマ数×278250円となります。東京大学を文系で受験するのであれば、国語、英語、数学に加えて、社会科2科目（世界史、日本史、地理から2科目選択）と、理科基礎2科目（物理基礎、化学基礎、生物基礎、地学基礎から2科目選択）が必要になります。それぞれの科目について1コマずつとるなら、27850円×7科目で194775 0円がかかります。実際は、理科基礎など自習で済む科目は自習で済ませることも多いですが、国語、英語、数学、社会2科目くらいは多くの学生が受講しているでしょうから、**高3の塾代は140万程度**の出費を覚悟した方がいいでしょう。

ちなみに、150分授業や180分授業をやりすぎだと思われる方もいらっしゃるかもしれませんが、ここには「東大文類数学」や「東大英語」「京大国語」などが含まれています。東大京大レベルの学校を目指す学生であれば、これらの授業から逃れられないと考えた方がいいでしょう。もちろん授業分数が短くなれば、それだけ講座の値段は安くなります。あまり良い選択肢とは言えませんが、財布と相談して授業のレベルを一段下げることが視野に入る家庭もあるかもしれません。

高校3年生の段階だけで200万がかかるシミュレートも可能であることに驚いた方もいらっしゃるのではないでしょうか。我々の想定している「塾代は年額100万円」が、実際のところは、むしろ安く見積もっていることにご納得いただけるでしょう。3年間通うと、学費とは別に200万〜400万円がかかってしまう大学受験。仮に私立高校に通いながら、河合塾や駿台予備校に3年間通うのであれば、高校の学費300万＋塾代200万〜400万と、**最大700万円近く**もかかってしまうことになります。

賢い方は気付かれているかもしれませんが、**大学受験戦争において、資金的にネックとなるのは高校在学時の学費**です。基本的にどの予備校や塾に通っても、大学受験コースになると値段が一気に跳ね上がります。そのため、仮に塾に通うとした場合、高校3年間の学費は中学3年間のそれを大きく上回る結果になります。

無駄だった教育投資は？

高校時代の無駄だった教育投資も聞いてみました。多くの人は「なかった」と答えているこの質問ですが、その中で「無駄だった」という声があるものには共通点がありました。

それは、**オンデマンド式の映像授業。**それぞれが挙げる塾名は違いますが、多くの回答者が「映像授業は結局受けなかった」「モチベーションが上がらずやる気にならなかった」「自習室目当てに加入したが、結局まったく使わなかった」としているのです。

確かに、オンデマンド式の映像授業は、扱い方が難しい側面があります。オンデマンドであれば、いつでも受けられるのだからお得に感じるかもしれません。ですが、「いつでも受けられる」ことは「いつか受けなくてはいけない」わけではありません。たしかにお金を払っている親からすれば、「いつかは受けてほしい」と思うかもしれませんが、強制力のないオンデマンド式の授業はモチベーションがわかず、結局受けないで終わってしまう人も多いのです。

また、これは映像授業を受けたことのある私の個人的な感想ですが、映像授業になると、対面型のライブ授業よりも理解力が落ちるような気がしています。目の前に先生がいないので、極端な話をすれば、寝てもサボっても怒られないわけです。授業内の程よい緊張感が存在せず、自分でこの授業を受けようとする意思がなければ、結局時間を無駄にしてしまいます。聞こうとも思っていない話なんて、当然理解できるはずもありません。さらに言えば、仮に真面目に聞いて、わからない部分を質問しようと思っても、目の前に先生がいないのですから、質問のしようもありません。映像授業は画期的なシステムではありますが、便利なだけではなく、受講者にとってマイナスに働く面があることも理解して利用すべきです。

「いつでも受けられる」からこそ、「いつでもできるなら、後でいいや」と後回しにされてしまう。**よっぽど自己管理がうまい人でないと、映像授業型の塾を活用するのは難しいかもしれません。**

合計で、東大合格のためには「何万円」必要なのか？

ここまで出てきた金額を総計すると、**小学校316万円、中学校243万円、高校316万円で、875万円が東大合格に必要**ということになります。もちろんこれはアンケートの結果をもとに予測される東大生の平均金額であり、実際にこの金額をかければ東京大学に通えることを保証するものではありません。

この金額は公立から塾なしで東大に進学した人などを含んだ平均額なので、この金額よりもお金をかけて東大に合格した人もいることを示しています。実際に、私立中高に通わせるなら、1000万〜1200万程度は見た方がいいでしょうし、**小学校時代に私立校に通いながら塾に通った場合は、この時点で1000万円が見えてきます。**

例えば、有名私立小学校である慶應義塾幼稚舎について、学費を見てみましょう。慶應義塾幼稚舎は、東京六大学の1つに数えられる慶應義塾大学に付属している小学校であり、その歴史も深い名門です。

入学金：340000円
授業料：960000円
教育充実費：200000円
その他費用：130000円

入学金は初年度のみ納入で、それ以外の費用は毎年支払うものです。ホームページによれば、初年度は163万円、次年度以降は129万円を支払うことになっているので、小学校6年間で支払う金額は、163万円＋129万円×5年分＝808万円となります。

これに塾をプラスすると、支払う金額はおおよそ1000万円を超えます。

小学校から私立に通うような人は、大抵の場合、中学校以降も教育投資に厚く資金を投入する傾向にあります。そのため、彼らの中には**2000万〜3000万の投資を受けて東京大学に合格**した人もいます。

一方で、まったくお金をかけずに東京大学を受験する人もいます。例えば、小学校から中学校、高校とすべて公立校を選択し、塾も通わないで東京大学に合格するような人です。義務教育である小学校と中学校は学費が無料なので、制服代や給食費など関連費がかかるとして合計で70～80万円ほど。高校からは学費がかかるようになりますが、非常に安く、都立高校の場合月々9900円、年額でも118800円となっています。そのため、このような人たちの東大合格までにかかった費用は、単純に計算しても120万円ほど。これを小学校入学からの12年間で割るので、多少の変動はあれど、1年あたり10万円。1か月に1万円ずつ教育投資をしていけば、十分間に合う計算になります。

1章のまとめ

ここまでのデータで見られたように、**東大生は平均870万円の教育投資をもって東京大学に合格している**ことがわかりました。もちろん、これは公立学校に通っている人と私立校に通っている人とを混ぜてカウントしているため、中学受験をして私立中高に通った場合はこれよりも金額がかかると思ってください。

参考までに、中高ともに公立校に通った人の平均額と、中学か高校か、どちらかだけでも私立校に通った人の平均額も算出してみました。前者は281万円、後者は753万円になりました。中学校で私立に通っていたのは100人中46人、高校で私立に通っていたのは51人、中高どちらかだけ私立に通っていた人は52人いました。受験をして私立中高に通わせた場合には、中高でそれぞれ300万円ずつがかかるので、中高で塾に行かせなかったとしても、600万円ほどがかかる計算になります。ここから、多くの私立中高出身者は、塾にも通っていたとわかります。

無駄だったと言われている教育投資はあまりないようですが、オンデマンド式の映像授業や、2つ目3つ目以降の予備の塾、通信教育などは、あまり効果が上がっている実感がないケースが多いようです。もちろん、定量的、定性的にデータをとり続けたわけではなく、生徒本人の主観によるものですから一概には無駄だと言えませんが、とはいえ、受験している本人からの申告も無視できるものではありません。そもそも、映像授業塾については、結局加入したけれど行かなかったとする意見も目立ちました。

塾に通っている比率は高く、小学校で100人中64人、中学校で42人、高校で65人でした。特に、学区域にあるごく普通の公立小学校に通っているであろう小学生時点から、100人中64人が塾通いしているとするこのデータは、加熱した中学受験の最前線を実感させます。実際に、中学受験をしていたのは100人中62人でした。塾通いをしていた人のうちのほぼ100%が中学受験に踏み切っています。

870万余りの学費のうち、大部分を占めているのは、私立中学校・私立高校の学費です。これらが6年間で600万にものぼります。

仮に中学受験をせず、そのまま公立中学校、公立高校と進んだ場合を考えると、小学校では給食費などがかかるだけで40〜50万。中学校でも似たようなもので、20〜30万程度。高校からは学費がかかるようになりますが、都立高校の場合だと、年間で118800円なので、約12万と見て36万円。制服代などを加味しても、50万円程度で済むでしょう。ある程度偏差値の高い公立高校であれば、塾にまったく通わなくても東京大学に合格できることを考えれば、50＋30＋50＝130万円もあれば、十分な計算になります。

もちろんこのルートで東大に合格できるかは、本人の資質に大きく依存します。自力で公立高校に、それも都道府県内で屈指の学力を誇る進学校に合格することが必須になりますから、あまり現実的なルートとは言えないかもしれません。とはいえ、偏差値の高い一流公立高校に通うことさえできれば、塾なし・予備校なしでも東大に合格できる可能性が見えてくることは、考慮しておくべきでしょう。

次の第2章では、本章で得たデータをもとに、東京大学に合格するための方法を様々な角度から検討します。実際に東京大学に合格するためには、どのような資質が必要なのか、考えてみましょう。

章間コラム

東大生が自分の家を裕福／貧乏だと思った経験

本アンケートでは、東大生が自身の裕福性、貧乏性を把握しているかを調査するために、「自分の家が裕福／貧乏だと思った経験はありますか？」という質問項目を用意しました。

実際に、私が東京大学に進学して一番多く聞いたのは「自分の家は裕福ではないと思う」とする意見です。確かに、自分の家をよそと比べる機会は中々ありませんから、自分の家の裕福さを認識するのは難しいかもしれません。それに、年収が1000万円あったとしても、都内在住でそれなりの教育投資をしているなら、他に回すお金がその分削られるでしょう。

以下では、その中から面白かった回答や驚いた回答、参考になった回答をピックアップしていきます。

父親がポルシェを突然見せに来た

ポルシェは世界的に有名なカーブランドです。ドイツの高性能スポーツクーペやSUV、スポーツセダンなどを専門としており、高所得者層がよく持っている車として、メルセデス・ベンツやランボルギーニなどと並んで高名なブランドです。まったく車に詳しくなく、軽自動車と普通自動車の区別すらもつかない私でも知っているのですから、相当なブランド力を持っていると言えるでしょう。

そんなポルシェを、父親が「突然」見せに来たという東大生がいました。おそらく、ある日いきなりポルシェを購入した父親が自慢しにきたのでしょう。公式サイトによれば、ポルシェ車の値段は、安くても800万円から。確かにいきなり800万円以上、下手をすれば1000万円~2000万円もする車を購入して見せつけに来たら「うちは裕福なのだ」と認識させられるでしょう。お父様のいたずら心が透けて見える、愉快な裕福エピソードでした。

いつも裕福な自覚があります。欲しいものが金銭的な理由で手に入らない経験がない

欲しいものは何でも手に入る環境で生まれ育ってきた方による投稿です。きっと、洋服、文房具、参考書、ゲームソフト、習い事の道具などなどありとあらゆるものに手が届いてきたのでしょう。この方の習い事などの種類にもよりますが、運動系だと靴は必ず揃えなくてはいけません。安いものでも数千円ですが、この言い方だとおそらく数万円はするモデルを買っていてもおかしくはありません。

恐ろしいのは、吹奏楽など音楽系に所属していた場合。楽器をおねだりしている可能性があることです。楽器の種類にもよりますが、やはり安くても十数万円〜高いと数十万、数百万円まで見えてくる世界です。さすがにそこまではしていないと思いたいですが、もしかしたら、数百万円単位のおねだりを成功させた経験もあるのかもしれませんね。

私立の中高一貫校に通い始めた時は裕福だと思い、塾に行けなかった時、私大はダメだと言われた時、周囲より貧しいと思った

私立の中高一貫校は、学校にもよりますが、年間で100万円ほどかかります。中高6年間で考えると600万円にもなりますから、たしかにこれを出すお金があるのは、裕福だと言えそうです。一方で、塾に行けなかったり、私大はダメだと言われていたりと、できないことも数多くあります。

塾に通うためには、年間で100万円程度の追加出費が必要になりますから、少し無理をして私立に通わせている家庭ならば、当然NGが出るでしょう。また、私立大学も学校によっては年間で120万円以上がかかります。もちろんこれは学費だけの話で、初年度は入学金がかかったり、パソコンを買ったり、各学期のはじまりには教科書を買ったりと、年度によっては、150～200万円ほどしてもおかしくありません。特に、獣医学部や

医学部など、医学系の学部の場合、安くても学費が130万円はしてしまいますから、これらの学部に通いたかった場合は、国立一択になってしまうでしょう。

総じて、月当たりで8~9万円程度の教育出費ができていることから、一般家庭よりは裕福なのかと思われます。ですが、私立中学や私立高校に通っている、それでいて塾に行かせる余裕もある、さらに裕福な家庭との差を見せつけられて、絶望したのでしょう。

クリスマスパーティーが壮大だった（別荘貸切）

とんでもないエピソードがやってきました。クリスマスパーティーを別荘貸し切りでやるなんて、少なくとも私は聞いたことがありません。私の通っていた学校も私立学校で、それなりにお金を持っている人ばかりでしたが、それを大きく上回るような大金持ちの家庭だったのでしょうか。参考までに、関東近郊での貸別荘の相場を見てみましたが、おおよそ1人当たり1万円前後で借りられるようでした。仮にこのパーティーに主催者家族3

人プラス友人5人が来たとすれば、別荘の貸し切り料は8万円です。これに追加して、料理やお菓子、飲み物などを買ってくる必要がありますから、全部で15～20万円ほどもあれば足りるのではないでしょうか。思ったよりは安いような……。

とはいっても、いくら子どものためとはいえ、たった1回のクリスマスパーティーを主催するだけで15～20万円もの大金を投じられるのですから、やはり裕福であることは疑いようもないでしょう。

小学生の時、今月の給料がまだだからクリスマスプレゼントを買うのが間に合わなかった、と親に泣いて謝られた

少し悲しいエピソードです。給料の遅配があったのでしょうか、クリスマスプレゼント

を買うまでの余裕がなかったのでしょう。昨今のクリスマスプレゼントの相場は値上がりしていますが、例えばゲームソフトを1本買うと仮定した場合は、おおよそ6000円～1万円程度です。子どものクリスマスプレゼントなんて、親からすれば何をおいても買いたいものだと思いますが、その1万円すらも用意する余裕がなかったのでしょう。大変切り詰めている生活が予想できます。

家族旅行に行かない、塾や習い事をしない、とくに趣味がない、車がない。節約しつつ食に目がない。幸せです！

面白い節約エピソードが来ました。「家族旅行がない」のは、貧乏あるあるエピソードで、実際に今回のアンケートでも「家族旅行に行く機会が多かったから裕福だと思った」

「行けなかったから貧しいと思った」とする意見は数多く寄せられました。筆者である私自身も、初めて家族旅行に行ったのは、生活が比較的安定してきた大学入学以降で、それまでは国内外を問わず旅行に行った経験がありません。

ただ、この方の場合は塾や習い事をせず、趣味もなく、車もなかったことに対して、そこまでの深い思いもないようです。もしかしたら、東京都内や大阪中心部など、車があまり必要ない地域の生まれなのかもしれません。食に目がないとあるので、おそらく節約している中でも食事についてだけはいつも満足いく内容だったのでしょう。幸せそうな節約家庭のエピソードでした。

以上、いくつか裕福・貧乏エピソードを並べてみました。これらから透けて見える等身大の東大生像からは、アンケートの数値からは見えてこない、彼らの人間臭い部分を見ることができます。アンケート対象に対してはドライに接するべきですが、時にはこうした質問で人間性を確認するのも面白いかもしれませんね。

第2章

コスパのいい東大合格のための最適解は？

ここからは、第1章で見てきたデータをもとにして、東京大学に合格するために必要な教育投資を考えていきます。もちろん、十分な学力さえあれば、高卒認定の資格さえとってしまえば、誰でも合格はできます。ただし、そのためには、自学自習で東大合格レベルまでこぎつけるような、高い学力とそれを可能にする明晰な頭脳が必要です。

ここでは、そのような「例外」は考えず、「いわゆる**『普通の人』が東京大学に合格するためには、どのように投資を行えばいいのか？**」を考えていきます。

東大合格者はどこで課金しているのか？

東大合格者たちは、どのタイミングで課金をしているのでしょうか？　第1章の結果を見る限りでは、小学校と高校の教育投資が多かったのでした。そのため、**多くの東大合格者は、中学受験と大学受験のタイミングでリソースをつぎ込んでいる**と予想できます。

なぜ中学受験と大学受験なのでしょう？　大学受験ならばわかりますが、どうして中学受験をしたがるのでしょうか。この疑問には、「良い中学から良い高校に入って大学受験をまっとうするため」と答えることができます。**大学受験の合格への道は、良い高校へ入学することが一番**です。なぜならば、良い高校には良い教育体制が整っているからです。

東大を目指すうえで一番のネックになることは、意外かもしれませんが、意思表明です。例えば、あなたが高校生の時を思い返してみてください。「私（僕）、東京大学を目指します！」と胸を張って先生たちやクラスメートに宣言できたでしょうか？　もしもこの質問に「当然できた」と答えられたなら、あなたはきっととても度胸があるか、もしくは「良い学校」に通えていたのです。

普通、高校生たちは恥ずかしがって、もしくは先生やほかの受験生に遠慮して、レベルの高い大学を目指そうとはしません。私の場合もそうでした。私の母校は共栄学園高等学校。東京にある偏差値50程度の高校です。この学校から東京大学に合格したのは、私で歴代3人目。毎年、ぎりぎりで早稲田大学や慶應義塾大学に1人か2人合格するかどうか、といったレベルです。

私の母校は、決して悪い学校ではありませんでした。先生方も教育に対して意欲的で、進路指導室には数えきれないほどの赤本や、卒業生が置いていった参考書の遺産があり、受験に臨む態勢は整っていました。それに、自分でいうのもなんですが、私のようなそれなりに勉強ができる生徒もいました。

それでは、どうして創立80年を超えるような学校から、これまで東大生が3人しか出てこなかったのか。その理由は、「自分は東大に行く」と宣言できる環境が整っていなかったことにあると私は考えています。私は、かなりほかの受験生と比べても変わっていたと自覚しています。目立ちたがり屋で、生徒会長をしたり、部活でも目立つパフォーマンスを率先してやりたがったり、とにかく目立つことをしようとしていました。

志望校選びで「東大に行く」としたのも、少しは「これで目立てる」と考えての部分があります。当時学年で一番頭がよかった自分が、生徒会長もやって、週7回活動がある吹奏楽部の活動もこなしながら、東京大学に合格したら、どれほどカッコいいことか。そう考えて、東京大学を目指すと宣言しました。お金の関係で国立の東京大学しか行ける場所がなかったので、そのまま東大志望を続けましたが、当初の理由は格好をつけるためです。

普通ならば、こんなことはできません。なにせ、**東京大学へ行った前例がほとんどない学校では、「東大に行く」と宣言した時点で、全校から好奇の目にさらされてしまいます。**「あの人が東大に行くって言ってるの?」「うちの学校から? 東大生なんて全然出たことがないのに?」「無理だよ、そんなの。あの人が行けるなら自分も行けるって」。心ない声にさらされたくないからこそ、受験生たちは高望みしません。

自分が宣言しても、それなりに受け入れてもらえそうな、無難な大学ブランドを選びます。志望校のブランドは友人と合わせて横並び。自分の成績と見比べて、「これくらいが無難か」とする学校を選択。チャレンジレベルの学校に挑もうとする気概は生まれません。出る杭が打たれることを恐れて、東大なんて口が裂けても言えないのです。

逆に言えば、「東大に行く」と言える環境ならば、いくらでも東大生は出ます。開成高校や灘高校、桜蔭高校などが優秀なのは疑いようもない事実ですが、**なぜこれらの高校から東大生が続出するのかといえば、これらの進学校からは東大生という前例が毎年100人も200人も出ているから**です。1人の東大生が出ると、次世代の東大生につながるのです。このような東大生の連鎖は、進学校特有のものです。

これらの学校に通う人たちはこう考えます。「志望校どこにしようかな。まぁみんな言ってるから東大かな」「東大なんて行けるかなと不安だったけど、今年はあの先輩も受かったらしい。あの人が受かるなら、自分も行けるだろう」。彼らにとって、東大はチャレンジ校ではありません。「無難な大学ブランド」の1つなのです。だからこそ、東京大学に挑戦する人数も多く、合格する人数も多いのです。

東大に合格したいならば、毎年東大生を輩出している学校に通うことが最低条件です。この条件を破ったとたんに、東大合格どころか、受験すらもハードルが高すぎて望めない可能性があります。まずは受験を宣言できるようにするためにも、毎年東大生を輩出している学校に通わなくてはいけません。毎年東大生を輩出している学校となれば、県でいえば1番、2番クラスの学校になるでしょう。ですから、東大に行きたいならば良い高校に通うことが必要不可欠なのです。

いい高校に通うためならば、普通は高校受験を頑張ると考えるかもしれません。しかし、今の受験界のトレンドはそうではありません。中学受験に全力を注ぐことが、大学合格への近道だと信じられています。それは、**いい中学校に通うことが、いい高校に通うための近道**になるからです。

これは、有名私立中高一貫校の中学の募集人数と高校の募集人数を比べてみるとわかります。ここでも開成中学校と開成高校の募集人数を見てみましょう。2023年度の開成中学校の募集人数は、300人となっています。一方で、同年度の高校募集人数はわずか100人。中学校と比べてみるとその差は歴然です。いわゆる中高一貫校では、中学校時点で大半の人員を確保してしまうため、高校から入学することは難しいのです。

だからこそ、**有名私立中高一貫校に中学時点から入学することは、そのまま有名高校に**

入学することと同義であるといえます。開成中学校に入れれば、そのまま日本で一番東大合格者が多い高校である開成高校に合格したも同然なのです。だからこそ、今の受験の勘所は中学受験になっています。

仮に中学受験で失敗しても、高校受験でリベンジできるのも利点です。確かに募集人員は少なくなりますが、募集を停止するわけではありません。なので、もしも中学受験で失敗しても、高校受験で再チャレンジして入学を狙えばよい。中学受験の過熱化は、高校受験でのリスクヘッジの結果です。

実際に、中学受験をして中高一貫校に入った人の比率は54%にも上りました。東大に合格する人の半数以上が、中学受験をして「高校の入学予約」をしています。良い大学に入るために、良い高校に入らなくてはいけない。そして、良い高校に入るためには、その付属中学校に入らなくてはいけない。だからこそ、10歳から大学受験の準備をする。これこそが、今の日本で起きている受験ブームの真相です。

結局、中学受験はするべきか？

結論から言えば、**教育投資に300万円をかける余裕があり、子どもにも十分な学習意**

欲、受験に臨む態度があるのであれば、中学受験はすべきだといえます（中学高校合格後まで見据えると、最低でも900万円になりますが）。ただし、その際に選ぶべき中学校は、必ず中高一貫校に絞るべきです。それも、毎年東大生を輩出している高校の付属になっている中学校に限ります。

第1章でも述べた通り、中学受験によって手に入るものには、高い教育水準へのアクセスであったり将来の進学機会の拡大であったりと、様々なものがあります。その中でも特に大きいものが、「有名進学高校への入学チケット」と「将来東大生になる確率が高いクラスメートとの人脈形成」です。

中学受験は、もはや中学選びではありません。世間の教育熱心な親たちは、中学校というフィルターを透かして、高校や大学選びをしています。有名中学校に子どもを入れられれば、そのまま高校に進学して、ゆくゆくは東大に合格してくれる。東大に合格すれば、きっと一部上場の一流企業に入社してくれる。そうすれば、自分や自分の子どもの将来も盤石なものになる。そう考えているからこそ、教育に熱心な親は、こぞって有名私立中高一貫校への入学をかけた争奪戦に子どもを参加させたがります。

中学受験をするならば、遅くとも小学校4年生の時点で塾に子どもを入れましょう。それも、地元にあるような小さな塾ではなく、市街地や首都圏にある日能研やSAPIX、浜学園のような進学塾に入れましょう。確かに、地元の塾の方が金額的には安く済むでしょうし、通学の手間もかかりません。ですが、そうした塾からは大抵超一流の進学校への合格者は出ていないものです。受験戦争において、一番に信頼すべきは実績。その塾から毎年何人の開成中学合格者が出ているのか、何人を桜蔭中学に送り込んでいるのか。これこそが、中学受験で信用すべき数字です。

私が先ほど「遅くとも」といったのは、焦らせるためではありません。日能研などに入れば開成中学校に合格できると考えるのは大間違いです。大手進学塾では、塾の内部でもクラス分けがなされています。進学クラスに入ることができなければ、進学校を目指す資格は与えられません。正確に中学受験対策を述べるのであれば、小学校4年生時点で「進学クラスに」入ること。そして、それを受験までキープし続けること。これが志望校合格までの最低条件です。

もちろん、進学塾の進学クラスに子どもを入れることは、一筋縄ではいきません。「学校のテストで毎回100点をとっているから大丈夫」なんて思わないでください。進学塾に通う子どもの間では、「学校のテストで毎回100点」は当たり前のことです。それぞれの通っている小学校の中でも、トップ5に入るレベルの子どもたちが、しのぎを削りあう魔境こそ、進学塾の進学クラスです。そのため、確実に小学校4年生時点で子どもを進学クラスに入れたいのであれば、小学校4年生までの時点で塾に通っておく必要があります。塾に通って準備をする期間は長い方がいいですから、早い人は小学校1年生から中学受験を視野に入れ、わが子を塾に通わせます。

仮に中学受験に落ちてしまっても、悲観することはありません。なぜならば、高校からの途中入学の道が残されているからです。中学校での受験は、いわばいい高校に進むための一次試験にすぎません。

なら高校受験でいいと思うかもしれませんが、高校からの入学一本に絞るのは、あまりにもリスクが高いのが現実です。なぜならば、浪人が選択肢に入る大学受験と違って、高校受験では浪人の選択肢がほとんど存在しないから。それよりも、落ちてもほぼノーリスクで進学ができる中学受験で全力を出してチャンスを狙う。仮に合格したら高校までの入学予約チケットが得られます。

また、人脈形成の一面もあることを忘れてはいけません。中学校から多くの人員が入れ替わらない中高一貫校では、中高6年間を過ごす仲間ができていきます。この絆は、大学入学時で少しあいさつした程度では揺るがすことのできない、強靭なものです。東京大学に入学した後も、強力な上下左右のネットワークによって、様々な利点があるのですから、やはり有名校からの東大進学は欠かせません。

実際に、私は東京大学に入学した後、東京大学運動会応援部に入部していました。いわゆる応援団です。ここでは、毎年部の決まりとして、新入生は飲み会で先輩たちに自己紹介をする慣習があります。この自己紹介はなぜか、出身高校を宣言する決まりになっているのです。「こんにちは、私○○高校出身〜」と宣言すると、周りの先輩方から「名門!」とヤジが飛びます。これが恒例の流れになっています。

やはり、開成や灘など有名高校の出身者にもなると、部活内にも同じ高校の先輩が多くなります。なので、「開成高校出身〜」「灘高校出身〜」と言われるがいなや、同じ母校を持つ先輩方はより張り切って「名門!」とコールをします。一方で、私のような「マイナー」な高校を母校として持つ学生は悲惨なものです。一応「名門!」とコールはされますが、ほかの人たちよりワンテンポ遅れ、「どこ?」という質問さえ聞こえてきそうです。有名高校出身だと、同じ高校の先輩からかわいがってもらえますが、そうでない高校出身だと、浮いてしまうのは否めません。

中学受験をすれば、高校入学の優先権に加え、人脈までついてきます。そのための代償は、遅くとも小学校4年生からの遊ぶ時間と、年間100万円以上にものぼる大量の資金投資。これらをクリアできるなら、中学受験をした方が、東京大学に合格しやすくなることは間違いありません。

東大合格の重課金ルート：
子どもの才能に頼らず、お金で東大合格を勝ち取るにはいくらかかる？

本書のアンケートで過半数以上を占める**「有名私立中高一貫校から現役で東京大学に合格した」という典型的な東大生が歩んできた受験人生のモデルケース**を考えてみましょう。東京に住んでいる子どもが、教育投資を惜しまない親たちから一心に「課金」を受けた場合、どのように東大戦争へ参加していくのか、という想定です。

ここでは、親の課金だけで子どもを東大に入れるために必要な教育手順をさらっていきます。今回は小学校で「いきなり塾の進学クラスに入る」と想定していますが、さらなる安全をとりたい場合は、もっと小さなころから勉強させなくてはいけません。幼稚園段階での知能訓練や、小学1年生からの塾通いなども含めて、600〜700万円程度が加算されると考えてください。

小学校：300万円程度

小学校では、少なくとも4年生から塾に通っていることでしょう。もちろん、前項で説明したように4年生で確実に進学クラスに入るため、低学年から塾に通うケースも考えられます。ですが、それを考えてしまうと、「いつから通っていたのか」や、小学校受験（いわゆる「お受験」）の可能性まで考えなくてはいけなくなるので、ここでは小学校4年生からSAPIXに通ったと仮定します。

SAPIXの公式ホームページによれば、小学校4年生、5年生、6年生でそれぞれ授業料が異なるようです。4年生では月額42900円、5年生では53900円、6年生では61600円がかかります。社会を選択しない場合、算数の追加講義を選択する場合などで料金が多少上下するようですが、いったんこの金額で考えていきます。授業料だけを単純に足していくと、42900×12＋53900×12＋61600×10＝1777600円かかります。小学6年生を10か月としたのは、中学受験はほぼ2月で終わるため、

1月までの通塾を想定しているためです。

これに春期講習と夏期講習の費用や教科書代、公開模試の参加費用、入塾費用などが加算されます。季節講習の費用は、残念ながら公式ホームページに記載がありませんでした。しかし、実際にSAPIXに通っていたと思しき人のホームページをいくつか確認したところ、小学校4年生で9万円、5年生で10万円、6年生で20万円程度がかかるようです。もしもこれが本当なのだとすれば、季節講習だけで約40万が追加で加算されます。

さらに、入塾費用が33000円。公開模試は1回当たり5000円~6000円程度で、年間に4回程度開催されるようなので、5500×4×3＝66000円。塾と家が何駅か離れているケースも多いでしょうから、交通費を考えてプラス10万円。すると、小学校時点ではおよそ240万円が塾代にかかると推察されます。

そして、忘れてはいけないのが各学校に出願する際に納める入学検定料。学校によりけりですが、2万~3万程度の学校が多いようです。滑り止めも含めて5つの学校を受けたと仮定すると、さらに10万円。通っている小学校に支払う費用とは別にこれだけのお金がかかります。

公立小学校の学費はタダですが、給食費が無償化されていないと考えましょう。給食費が月額5000円程度、すなわち年額6万円とすると、その他教材費なども含めて小学校6年間では40〜50万円もかかることになるでしょう。これを追加すると、**小学校時代にかかる費用は全部で約300万円。**もちろんピアノや水泳など別の習い事をやった場合は、これに追加で費用がかかります。

中学校：500万円程度

小学校時代の苦労のかいもあって、あなたのお子さんは見事有名私立中高一貫校に入学することができました。ですが、受験戦争はまだまだ続きます。せっかく中学校に入ったのは、元をたどれば、一流高校に入って大学受験で楽をするためでした。成績不良で高校進学不可になれば、これまでの努力が水の泡です。

実際、私がむかし勤めていた塾にも「うちの子は○○中学校（都内にある超一流私立中高一貫校）に通っているが、中学受験が終わってからまったく勉強のモチベーションがなくなってしまい、成績が落ち込んでいる。学校と鉄緑会の勉強についていけるように、個人指導してほしい」という親御さんが来たことがありました。この子のように、燃え尽きてしまう人は想像以上に多いものです。高校に入ってからの成績も安定させて、東大合格率を限りなく100%に近づけたいなら、中学校から成績を安定させることは必要不可欠です。

さらに、鉄緑会などの進学塾に通っておくことも重要です。第1章でも紹介した通り、鉄緑会は一部の学校に通う子弟を対象として、徹底的な詰め込みエリート教育を行う進学塾です。圧倒的な授業進行度の速さと演習量によって、他の追随を許さないスピードで生徒を鍛えます。恐ろしいことに、鉄緑会が中学校の前で配るチラシには「中学合格おめでとう、次は東大！」と書いてあるのだそうです。

鉄緑会のチラシによれば、塾にはオープンコースとレギュラーコースの2種類が存在しています。進学コースであるレギュラーコースは、月額37300円のようです。これで英語と数学の2科目を見てくれるので、相場からみても他塾よりは安いといえるでしょう。3年間レギュラーコースから落ちずに（定期的に塾内学力模試が行われ、上位60人から漏れると落とされるようです）いられたと仮定するなら、37300円×12か月×3年＝1342800円がかかります。

もちろん、鉄緑会の指導についていけずに、別の塾でそのフォローアップを頼む家庭もあるでしょう。そうした場合には、さらに月額2万〜3万程度を払って別の塾、もしくは個別指導や家庭教師を頼むことになります。ここで加算したのはすべて通常授業の費用なので、夏期講習や春期講習、冬期講習などを受講すると考えると、年あたりプラス10万円してしまってもいいでしょう。

さらに、私立の中高一貫校に通っていることを忘れてはいけません。第1章でも検討していったように、私立中学校に通うだけで、年間平均100万円、3年間で300万円がかかります。中学校、塾とは別に習い事をしたいのであれば、さらにお金がかかってきます。ただし、鉄緑会に通う場合は、そもそも鉄緑会の課題量が多すぎて学校の宿題をやっている暇がないといわれるレベルの塾であることを鑑みても、学校と塾以外の習い事に通う選択肢は存在しないと考えていいでしょう。

もちろん塾や学校により異なりますが、ここに追加で交通費や日々の昼食代、参考書代、模試の受験費用などがかかることを考えると、3年間で合計500万円かかると考えてもいいでしょう。多すぎるかもしれませんが、少なくとも**学費と塾代だけで450万円はかかる**ことは忘れないでください。

高校：580万円程度

ついに大学受験の最前線である高校にたどり着きました。ここまでくれば、あともう一息で受験のゴールが待っています。中学校から通っている鉄緑会の指導も、より一層熱を増してくるでしょう。一流高校に入っているあなたのクラスメートは、そう見えないかもしれませんが、それでも「大学？　まぁ東大かな」と答える程度には受験を意識していいます。高校に入ってからはお互いに切磋琢磨しあって成績を伸ばしていくことを意識するのがいいかもしれません。

塾の費用を見てみましょう。鉄緑会の費用も、第1章で見てきた河合塾と同じく、学年によって変動します。まず高校1年の場合。この時は、英語と数学の2科目を受講可能です。両方とも受講した場合の金額は、およそ月額35000円程度とのこと。年間で考えると42万円です。

高校2年生からは全11科目がA群とB群の2種類に分割され、それぞれから何科目を受講するかによって料金が異なってきます。ここでは、英語・数学・現代文・古典・日本史・世界史（東大文系の二次試験での入試科目）をすべて受講した場合を考えてみましょう。この場合、A群から2科目、B群から4科目なので、月額84000円ほどになるそうです。年間では84000円×12か月＝1008000円。

高校3年生でも、全10科目がA群とB群にわけられ、どの授業をどれだけ選択したかによって値段が変動する仕組みのようです。仮に高2と同じく英語・数学・現代文・古典・日本史・世界史を受講した場合、A群から4科目、B群から2科目で月額約100000円。受験までの9か月間で90万円がかかる計算になります。もちろん、毎年夏期講習や春期講習が入ってくるので、ここでも毎年10万円を季節ごとの特別講習に出すと仮定します。

鉄緑会に通う費用だけで、42万+100万+90万+10万（特別講習費用）×3年=262万円がかかる計算になります。模試代や教材費などは一切考えていませんから、これに追加で出費があります。高校が私立であることも忘れてはいけません。やはり3年間で300万円がかかります。すると、合計金額は562万円にまで達します。

ここで終わりではありません。大学受験の際にも、受験料がかかります。東大以外にも、早稲田、慶應あたりから2つずつ、合計5つの学校に出願したとすると、出願費用だけで35000×4+30000=170000円もかかってしまいます。合計で580万円ほどにまでなってしまいました。私は鉄緑会の実態を知りませんが、鉄緑会に通っていた知り合いによれば、多くの人は「英語、数学、数学3、物理、化学」のように、英語と数学、理科科目をとるようです。また、鉄緑会には文系生徒が少なく、理系生徒の割合が多いため、特に国語を取る生徒は少ないとのこと。そのためここで言っている金額は、想定されるマックスであると考えてください。**一から十まで塾に任せて東大を受験したいなら、580万円という金額**になるというシミュレーションです。

小学校から高校までの金額を足してみましょう。小学校が300万円、中学校が500万円、高校が580万円でしたから、**300＋500＋580＝1380万円。いわゆる東大エリートコースを歩みたいのであれば、これだけのお金と9年間の月日がかかります。**この試算はかなり塾に頼る想定で組んでいるので、依存度を減らすなら、もう1200万程度は少なくできるかもしれません。逆に、小学校4年生時点でアドバンテージを得るために、幼少期から知能トレーニングや英会話塾などに通わせると想定すると、プラス600～700万円はかかるでしょう。

そう考えると、**子どもの才能に頼らずに、すべて課金だけでどうにかするなら、2000万円ほどかかる**といえるかもしれません。徐々に投資額が大きくなっていることから単純に比較はできませんが、1380万円を9年で割ると年間150万円と少し。月当たりでいえば、約13万円ほど。

確かに、安い金額ではありません。ですが、このコースを歩んでいけば、お子さんは決して低くない確率で、東京大学の門戸をたたくことができます。言ってみれば、東京大学に行けるチケットが入ったガチャがあったとして、1380万円あったら、それが1回回せるのです。鉄緑会の東大合格率は、一説によると50％ほど。鉄緑会にさえ入れてしまえば、50％の確率であなたのお子様は東京大学に合格すると考えられます。もちろん、1等が東京大学というだけであって、当たらなかったとしても、高い確率で早稲田大学や慶應義塾大学に合格するのは間違いありません。**高確率で高学歴の子どもができる、悪魔のガチャ**です。

とはいえ、50％のガチャは、全受験生中の東大生の割合だけを考えると高い確率にも思えますが、私はむしろ低い方だと考えています。名門私立中学校に通う子どもたちや、難関入塾試験を突破してきた、一部の「聡明」な子どもたち。彼らを中学からの6年間ないしは高校からの3年間鍛え上げて、東大受験に送り込むのが鉄緑会です。しかし、どうして、「聡明」な子どもたちを徹底的に鍛え上げて、合格率が50％程度に落ち着くのでしょうか？　もっと高くてもいいのではないか、と思ってしまいます。実際、1～3年間の勉強で東大に受かる人も少なくありません。

そう考えると、最大6年を東大合格のために使うのもコストパフォーマンス的に悪い気がしてきます。「普通は」6年が必要なのだ、と思われるかもしれません。ただ、むしろ効率の良い勉強法だけを試せば、たいていの人は、それこそ中学受験を勝ち抜いてきたような「聡明な」人たちならば、3年以内には一通りの「東大に入るためにやるべきこと」が終わります。ここから導き出される推論として、脱落者の存在があります。鉄緑会の敷いたレールを走り切れれば、おそらくは50％よりも高い確率で東京大学に入れるのでしょう。しかし、多くの学生が、鉄緑会の敷いたレールを走り切ることができないのです。途中で力尽きてしまい、結果として鉄緑会の東大合格率を下げているのでしょう。

仮に、この道を歩むのであれば、親子ともに覚悟が必要になります。小学校4年生から高校3年生までを受験戦争のさなかに身を置く覚悟です。もちろん全員が後悔するわけではないことはわかっています。負けず嫌いで勝負好きな子どもだったなら、長い受験の世界も渡り歩いていけるでしょう。実際、上記のような受験コースを歩き続けてきた人生を振り返っても、まったく後悔していない、むしろ楽しかったと述懐する方も多くいらっしゃいます。

ですが、仮に子どもが望まない受験をしたのであれば、お子さんから一生涯かけて恨まれる覚悟をしなくてはいけません。年間170万円以上、総額1380万円の出費は、親にとっても痛いものですが、それ以上に苦しむのはお子さんです。例えば、小学校4年生からの3年間。これは、子どもにとって一番遊びたい盛りです。この中学校に上がるまでの貴重なモラトリアム期間で遊ぶ経験は、この時にしかできません。これをすべて勉強に費やすならば、友達とも徐々に疎遠になるでしょう。

小学生のころに楽しめたはずの経験は、もしかしたら大人になってから羨ましく思うタイミングが来るかもしれません。しかし、それらはもう手に入らないのです。当時だからこそ許された、友人と笑いあいながら公園で走り回ったり、一緒にゲームをしたりする時間は取り戻せません。人によってはまったく気にならないかもしれませんが、別の人にとっては一生恋焦がれても手に入らない宝物になります。

そうして合格した中学校には、小学校6年間で笑いあった仲間たちはいません。新天地を喜ぶべきではありますが、地元とのつながりが切れてしまうことは留意すべきです。実際、私は中学受験をしていますが、成人式の時に一番感じたのは「退屈」と「寂しさ」でした。足立区の辺境から中学受験をする人は多くありません。そのほとんどが、地元の中学校へ進学していきます。すると、彼らの絆は6＋3＝9年間にわたって育まれていきます。同じ高校に進学していく人も多いでしょう。小学校を卒業してから成人するまでの8年もの間、不在にしている地元には、もはや帰る場所はありません。楽しそうに笑いあっている地元の、元・仲間たちとは溶け込むことができず、ただ手持無沙汰に会場をぶらつくのは、大変孤独でした。

中学や高校に上がっても、これらは変わりません。話を聞いていると、いくらか「鉄緑会の宿題に追われて部活動や習い事ができなかった」と聞こえてきます。鉄緑会に入っている生徒たちで友人関係を作れますが、思っていたような青春の日々とは違う日常を送ることでしょう。

ちなみに、**ここまでの試算はすべて受験戦争に「勝てる」前提で組んであります。**そのため、中学受験でも志望校に入れて、鉄緑会内のクラス分けでも上位クラスを常にキープし、学校の成績もよい、そんな生徒を想定しています。すなわち、受験戦争の勝ち組です。

一方、受験戦争の負け組がどんな目に合うか。まず、行きたかった中学校には入れません。滑り止めの学校に行くしかなくなります。地元の公立中学に行く手もありますが、「あいつ中学受験したのに落ちてきたんだって」なんて噂が立つことを考えると、地元での進学はほぼ考えられないでしょう。さらに、鉄緑会に入っても落ちこぼれる人はたくさんいます。ふるい落とされた彼らは、サポート用の塾や家庭教師、個別指導がついて、さらに自由時間が削られていきます。どうしても耐えられなくなって鉄緑会をやめる人もいるようですが、そうした人の話を聞いていると、受験に人生を曲げられたと思い込んでいる人もいるようです。「有名中学校に入学し、高校まで残れたのに、鉄緑会についていけず、勉強が嫌になってしまい、東大を目指すも浪人。2年目も東大を目指すが、勉強にモチベーションがわかず、またも不合格。それどころか、早稲田大学や慶應義塾大学、MARCHまで落ちて、結局偏差値50程度の私立大学に入学した」なんて人もいました。

受験がなければもっと幸せに生きられたであろう人生、誰が悪いとも言えませんが、それでもやるせないものがあります。

東京大学にも、親との関係性をこじらせている人は数多くいました。親から包丁を向けられながら勉強させられ続けた人や、テストの点数が悪いと親から無視されるような教育虐待を受けながら育った人など、様々な「闇」を抱えて生きている人たちがいます。彼ら彼女らの人生を思うと、本当に東京大学は青春の大半を勉強に費やしてまで来るべき場所だったのかと問い直さずにはいられません。

そこで、実際にこのシミュレートを見て東大生がどう思うのか。自分の人生を振り返ってみてどう考えるのかを聞いてみることにしました。次項は、以上のシミュレートを何人かの東大生に読んでもらって、彼ら彼女らからいただいた感想をまとめたものになります。

東大生は「エリートの受験人生」をどう思うのか？

まず、実際に先ほど述べたような人生を歩んでいた人に話を伺いました。彼女はSAPIXに通いながら中学受験をして桜蔭中学校に合格。鉄緑会にも通いながら東大を目指して勉強し続け、東京大学に合格した経歴を持つ方です。

彼女は、前述の受験人生について、まったく悪い印象を持っていないと述べています。それどころか、「楽しんで歩んできた人生を馬鹿にされたようで、不快である」ようでした。

その理由について、まず必ずしも受験は苦しんで行うものではないからとしています。彼女は非常に頭がよい方で、受験戦争でも常に勝ち続けてきた方です。詳細は伏せますが、東京大学に合格してからも優秀な成績を修めており、勉強すること自体が苦ではなかったのではないでしょうか。教育に投資され続けて育ってきたことは認めつつ、それ自体は親の愛情の一部であると感じているようです。

さらに、小学校時代の友人は必要ないとしています。おそらく、もともと彼女は非常に頭がよかったのでしょう。そのため、小学校時代の友人たちとはあまり話が合わなかったのではないでしょうか。

むしろ、SAPIXや中学校に通う人たちの方が、話が合ったのだと予想されます。確かに、こうした子どもたちにとって、中学受験は救いになります。実際に、私自身、小学校のころは成績が良すぎて周囲からは浮いていました(「博士」と呼ばれて慕われていたので、受け入れられていた方だとは思いますが)。中学受験をしていった先でも頭がよいと慕われる羽目になりましたが、それでも公立中学校に通うよりは話が通じる友人たちができたと思います。東京大学に来てからは、自分よりも頭がいい人に何人も出会いましたが、これは人生で初めてのこと。新鮮な経験でした。

重要なのは、受験に本人の意思が付随しているかでしょう。行き過ぎた早期教育は、やがて教育虐待と同一視されるようになりますが、本人の同意のもとに行われているのであれば、それは快適な環境を提供する行いになります。彼女のように自分から高みへ上りたいと考えている方ならば、受験はまったく苦になりません。むしろ、退屈な公立学校の教育から逸脱できる実質的な飛び級のチャンスになります。ですから、上昇志向が強い子どもであれば、中学受験はジャンプアップのための道筋を示してくれます。

ただし、本人の意思を無視して受験を押し付けている場合。これについては、**教育の皮をかぶった虐待**になっている可能性があります。本当は遊びたいと考えているのに、「将来のためになるから」と、親の一方的な都合と願望を押し付けて、毎日勉強させることは、お互いのためになりません。こうした子どもたちは、大抵どこかで限界が来ます。そうして迎えたリミットは、ほとんど遊びや非行など、ろくな方向へ向かいません。

子どもの教育にとって一番いい行いは、子どもの自主性を重んじて、やりたいことを応援することです。「やりたい受験」なら問題ありませんが、「やらせる受験」では大問題。前者は親子ともに幸せになる道がありますが、後者は不幸につながります。本当にその受験は子ども自身が望んだ道なのか、踏み込む前に考えてみるといいでしょう。

最後に、彼女は**「1年に数百万円程度の教育投資ができないならば、前述のような受験コースを思い描くべきではない」**として感想を締めくくりました。先ほど述べた受験コースは、たしかに高額な費用がかかります。合計で1380万円。普通の家庭ではポンと出せる金額ではありません。

この金額を見て、「高いな」とか「食費を切り詰めればなんとか」などと思う人は、その時点でこのコースを選ぶべきではないといいます。教育投資にこれだけの金額を回す余裕があるからこそ、初めて選べるコースなのであって、無理をしてまで選ぶのであれば、別の道を選択した方がよいのです。

例えば、次項でも検討するような、「中学受験をせずに東京大学に入る方法」や「塾に通わずに東京大学に合格する方法」など、考えるべきことはたくさんあります。前項で検討した「受験シミュレーション」は、**あくまで何も考えずにすべてを塾にお任せ、全自動で東大生が輩出されるガチャ**を想定しています。お金がなくてガチャが回せないならば、代わりに頭を回すしかありません。「どうやって足りないお金を工面するのか」を考えるのではなく、「どうやって予算〇〇万円で東京大学まで道をつなげるのか」を考えるのです。

幸いにも、世の中には多くの優れた書籍があります。各科目の参考書だけではなく、総合的な勉強法やスケジューリングの方法、受験戦略など、あらゆることについて指南書が存在しています。例えば、拙著『東大式節約勉強法』(扶桑社)なども、そのうちのひとつです。お金をかけられないならば、お金をかけずに東大を受験すればいいのです。現代にはそのための武器が一通りそろっています。確かに、お金をかければ、何も考えずにシステムに子どもを載せれば、勝手に東大を目指してくれます。これは、決して低くない確率で東大生ができあがるベルトコンベアーです。それができないのならば、頭を回して少ない投資でリターンを得られるように工夫するしかありません。

SAPIXに通っていた学生によると、進学塾に通っている子どもの多くは、別の習い事もしているようです。週に5日が習い事で埋まっていることも珍しくなく、今どきの小学生は、下手な大人よりも忙しいのかもしれません。

また、**「ここまでお金をかけて教育に投資するのは狂気的である」**という感想を述べた人もいます。この方は地方のご出身で、あまり教育投資にはお金をかけられず、塾などにもまったく通ったことがありません。「東大卒」の肩書が大きい部分は認めつつも、それを手に入れるために1000万以上の投資と、10年近くの受験期間を設けることに違和感を抱いているようです。

この方は今回のシミュレーションに**「東大までの人」問題**を思い出したと言います。「東大までの人」とは、東大合格までが人生の目標になってしまっており、合格するや否や、燃え尽きてしまって堕落していく学生を指します。親から学歴至上主義を植え付けられた学生の多くは、東大に入る理由がハッキリしていません。ただ、「親が行けと言ったから」「みんな行くと言っているから」程度の理由をもって、東大を目指します。ですが、実際には人生のゴールは東大にはありません。むしろ、それからの人生を頑張るための発射台が、東京大学です。東大に来て勉強しているうちに新たな人生の目標が見つかるケースもありますが、この方の経験によれば、「主体的に何かを学びたい」と考えずに入ってきた学生の多くは、燃え尽きてしまって堕落していく傾向にあります。

こうした東大生は、就活においても強くありません。高校まで主体性がないまま、ただ得意科目の勉強の一点突破で生きてきているので、勉強だけで通用しない世界だと、途端に弱くなるのです。普通の学生は、大学に入ってから主体的に人生の生きる道を探して、自分の手札を探していくものですが、主体性のない学生たちは、自分が何をすればいいのか、どうやって生きていけばいいのか見当もつきません。「頭がいい」というプライドだけは持っているので、どうにか上手くやろうと考え、泥臭く頑張る道も思いつきません。もちろん「東大」のブランドはあるので、書類審査や一次審査、二次審査程度は簡単に合格しますが、最終近くになればなるほど、自分の中に芯がない人間であることがばれてしまいます。

そうして不合格になっていった彼らは、東大生の就職先として一段、二段落ちるような会社へ行くか、就職浪人するか、もしくは得意の勉強を活かして大学院へ進学していきます。ですが、大学院に行ってもやりたいことはないので、やはり研究計画で苦労をします。20歳を過ぎると、自らの意思がなければなかなか人生はうまくいきません。ですが、「親に言われたから」と盲目的に東大だけを目指し続けてきた学生の多くは、普通なら中学や高校で芽生えさせるはずの「自分の意思」と向き合わずに過ごしてきているため、何をしていいのかもわかりません。

そうして、無駄に勉強だけはできて、「東大合格」の実績が忘れられないために肥大したプライドだけは高く、一方で自分が何をしたいのかわからないまま世間を漂う「東大までの人」が生まれてしまうのです。

この問題を乗り越えるためには、中学受験や高校受験の段階から、子どもの主体性を重んじた教育を積み重ねるしかありません。わざわざ東大に入ったとしても、「私は何をすればいいのかわかりません」では、1人の大人として話になりません。子どもがやりたいことがないなら、それをサポートできるのは親しかいない。「とりあえず中学受験」ではなく、主体性を伸ばせるような教育が、いま求められているのではないでしょうか。

他にも、多くの東大生から寄せられたのは、**「今の東大にそこまでしていく価値はない」**とする意見でした。多くのメディアにおいて、世間一般では「東大＝すごい」イメージが先行している印象があります。ひとたびテレビをつければ、「東大卒タレント」や「東大卒芸人」が活躍していますし、雑誌を開いても、新聞を読んでも、探せばどこにでも「東大」の2文字を見つけることができます。

確かに、通っている我々からしても、東京大学はいい大学です。キャンパスは広くて開放的ですし、先生方は厳しくもしっかりした指導をしてくださります。学びたい学生にとってはいくら学んでも学び足りないでしょうし、就職に際して箔をつけたい学生にとっては、この上ないほどのアドバンテージになるでしょう。

とはいえ、**東大は「10歳からの9年間と、1000万円以上の課金をもってしてまで、子どもを入れるべき大学だ」とは思いません。**東大に通っている人たちは頭がいいですし、将来の人脈形成にも役立ちます。だからこそ、東大に入ってから問われるのは「あなたは勉強以外に何ができるのか？」です。勉強ができるのは当たり前。だからこそ、勉強以外に積み重ねてきたことを問われます。

私が見ている限りでは、勉強しか取り柄がないと自分で思い込んでいる人ほど、大学時代で気を病みます。それまでの受験人生は、「勉強だけ」ができていればよかった。ですが、大学に入ってから問われるのは、むしろ「勉強以外」のこと。様々な課金をして、背伸びをして東大に入った先に待っているのは、そんなことをしないでも楽々東大に入ってきた同級生たちによる「君は東大に入ってきて何がしたいの？　勉強以外に何ができるの？」という素朴な質問です。

東大に通っていないと、これがわからないかもしれません。ですが、実際に東大に通ってみると、思っている以上に「自分には勉強以外に誇れるものがない」事実はコンプレックスとして働きます。私は中高6年間頑張ってきた吹奏楽部での活動があり、所属していた部内の誰よりもマーチングドリルや吹奏楽の腕がよかったと自負しているので、そこでコンプレックスを解消することができました。

ですが、勉強だけで中高6年間を過ごしてきた人はどうでしょうか。勉強だけで6年を食いつぶして、浪人までして東大に入ったのに、いざ入学してみたら「勉強はできて当たり前」で、勉強以外で他の東大生たちを圧倒するほどでなければ一目置かれません。「エリートの悩み」かもしれませんが、その悩みに苛まれるのは、これを聞き流しているあなたではなく、あなたのお子さんです。「東大に入れたから人生バラ色」の時代はもはや過ぎ去っており、これからは自分で自分の人生を決めるべき時代に入っているのかもしれません。

こう考えると、「子育ての成功」の定義すらもあいまいになってきます。「東大に入れば勝ち組」なのであれば、子育ての成功の定義は「子どもを東大に入れる」になるでしょう。多くの教育に熱心な親たちのゴールはここにあるように思えます。ですが、それはすべて自分と子どもの関係が良好だから成り立つ話です。

例えば、教育虐待にも似た追い込みによって子どもを東大に入れた親がいるとします（ここでは仮定の話ですが、悲しいことによく聞く話でもあります）。こうした親は、たいていの場合、東大に子どもを入れた時点で子どもの方から親子の縁を切られるなど、不幸な結果に終わっています。親は子どもが好きだからこそ教育投資を惜しまず、いい大学に行ってほしいと思うのかもしれません。

しかし、愛情があれば何でも許されるわけではありません。中学受験をやりたくないのに嫌々やらせていれば、そこから積もり積もった恨みはどこかで爆発します。確かに子どもを東京大学に入れれば、その子は高い確率でお金や人脈に苦労しないでしょう。ただ、これが子どもの幸せに直結しているとは限りません。教育虐待と、「少し熱心な教育」の線引きは、しっかりされているようで、実はあいまいです。

ここまでの議論が、すべて子どもをひとりの「人材」として見ているとする意見もありました。子どもの意思はまったく尊重されておらず、社会における「人材」として、そして親の教育投資の対象である「駒」として、子どもを見ています。この意見をくれた方は「過去を振り返って後悔するかどうかは、その人による。ただし、人生は後戻りできないからこそ、せめて子どもたちが大人になった時に、前を向いて自分自身の人生を歩めるようにすべきではないか」とのメッセージを寄せてくれました。我々が異常な教育投資について違和感を覚えるのも、すべてはそれらの多くが子どもの意思を無視した投資であって、子どもを「ひとりの人間」として見ていないように感じられるからなのかもしれません。

東大合格の費用対効果が一番いいのはどういう道？

前々項では重課金ルートを考えましたが、費用対効果が一番よいのはどのような道なのでしょうか。コストパフォーマンスだけを考えるのであれば、中学校までは地元の学校に通い、ここで好成績を上げて、住んでいる都道府県で1番目、もしくは2番目あたりの公立高校に滑り込むことが一番安上がりな道でしょう。

先ほどまでの項目で中学受験を強調していたのは、すべて高校に入学するためです。ですから、高校受験をして良い高校に滑り込むことができれば、低課金でも東大合格は見えてきます。実際に、公立小学校↓公立中学校↓公立高校↓現役で東大という人は、何人も私の知り合いにいます。

彼ら彼女らに東大合格の秘訣について話を聞くと、やはり高校のサポート体制をあげてきます。高校の授業や、質問に答える体制、そして切磋琢磨しあう仲間たちがいたからこそ、自分は東京大学に合格できたといいます。良い高校に入れれば、もちろん授業レベルは高いですし、中には予備校顔負けの授業を展開する先生もいます。そのような先生の熱意も、生徒側にやる気がなければ空回りするだけですが、そこは一流の高校に集まったポテンシャルのある生徒たちですから、熱意を一心に受け止めます。一流高校の良い点は、先生も生徒も共通して勉強へのポテンシャルが高いこと。そのため、勉強したいといっても笑われませんし、がり勉と馬鹿にもされません。わからないことはすぐに質問できる環境が整っていますし、周りの生徒たちもやる気に満ち溢れていて、そこから受ける刺激もあります。

東大に受かるためには、良い環境を整えることが必須です。そして、一流の高校にはその環境が整っています。もし、この環境がない高校に行ってしまったのであれば、塾に通うなどして、この環境を整えるところから始めなくてはいけません。逆を言えば、既に東大を受ける心構えや受験を宣言できる雰囲気など、環境が整っているのであれば、無理に塾に通う必要はないのです。塾に通わず、自習だけでも東京大学に合格する子はいますが、そうした子たちはみんな、この環境整備を成功させています。

今回、この本を作るにあたって、公立小学校から公立中学校、そして公立高校へ進学して、塾にもまったく通わないで現役で東大に合格した学生何人かに話を聞きました。詳しい内容は第4章でお伝えしますが、私が「もっとお金があったら、楽に東大に合格できたと思いますか？」と質問したのに対し、ほとんどが「まったくそうは思わない」と回答したのです。ある人いわく、「東京大学に合格するだけの環境が高校に整っていたから、塾に通う必要は微塵《みじん》も感じなかった。仮にもっとお金があったとしても、やることは変わらない。だから、お金があっても投資をする先がないのだから、お金が自分の受験生活を左右するとは思えない」とのことでした。

東京大学に合格するために一番必要なのは、東大に合格できるような環境作りです。そのためには、元から環境が整っている場所へ行くことが一番手っ取り早い。「元から環境が整っている場所」とは、すなわち、一流の高校です。一流の高校の見分け方ですが、毎年コンスタントに東大生を輩出している学校には、東大に合格できる環境が整っていると推察されます。ですから、もしもあなたやあなたのお子さんが**本気で東大に行きたいと願うのであれば、まずは「一流の高校」を目指しましょう。**もし既に高校生で、今から環境を変えるのが難しいのであれば、毎年東大生を輩出している塾に通うべきです。一流高校と似たような効果を期待できます。

逆に、今既に一流の高校に通っているのにもかかわらず、塾にも通おうとしているのであれば、それは無駄な教育投資に終わる可能性があります。今の時代、自習するといっても様々な方法があります。参考書、映像授業、スマホアプリ……。最近は塾顔負けの内容が網羅された参考書も数多くあります。各教科の勉強を教えるものから、そもそもどうやって勉強するかを説くものまで、様々です。これらをうまく活用すれば、塾に通わずとも有用な知識を得られます。

費用対効果のいい参考書や授業サービスの具体例は？

東大合格に役立つ、コストパフォーマンスのよいおすすめの参考書や授業サービスをここでご紹介します。この項目の執筆にあたっては、株式会社カルペ・ディエムさまと、そこに所属する現役東大生たちの意見を統合しています。特に、理科や数学の参考書は理系学生の意見を大きく反映しています。

【数学参考書】

「チャート式」参考書（数研出版）

辞書のように分厚く、数学1Aの内容から数学3の内容まで、幅広く網羅している（1+A、2+B、3はそれぞれ別冊）。参考書の色ごとにレベル分けされており、東大文系レベルであれば、青色のチャート式（『青チャート』）が一通り解ければ、過去問に太刀打ちできるレベルになれる。青チャートの挑戦レベルは、進研模試偏差値でおおよそ55〜60程度から。進研模試で偏差値50程度までの学生ならば、白か黄色あたりから始めて基礎を固めるのがよいだろう。

『入試数学の掌握』シリーズ（エール出版社）

非常に難解な本ではあるが、その一方で解説が非常に丁寧である。難しい問題が解けなかったとしても落ち込む必要はなく、読み物として解き方を確認して暗記するだけでも十分な勉強になる。

【国語参考書】

『現代文と格闘する』（河合出版）

非常に難解だが、現代文の本質を教えてくれる参考書。国語はセンスではなく、むしろ論理と情報整理によって解く科目であるが、これをしっかり教えてくれる参考書は数少ない。本書は解答解説が非常に細かく掲載されており、これをしっかり解くことができれば、東大レベルでも通用する学力が身につく。挑戦レベルは、進研模試偏差値60〜65程度から。

『二刀流古文単語634』（旺文社）

単語帳になっているページと古文の文章が載っているページがある。単語と物語を一緒に学ぶことができる。単語自体もレベル別に分けられているため、初学者でも勉強しやすい。

『新明説漢文』（尚文出版）

漢文の句形はおおよそこの1冊があれば網羅できる。漢字そのものの意味に着目して解説されているので、根本から理解することができる。単純な暗記にならないので、忘れやすく、覚えやすい。

【英語参考書】

『英単語ターゲット1900』（旺文社）

英単語とその和訳が1対1で対応しており、非常に明快で見やすい。1900語のうち、テストなどで見かける頻度が多い語ほど先頭に配置されているつくりになっているので、上達も感じやすい。1つの語に対して1つの意味しか覚えない点については批判もあるが、少なくともこの1冊で早慶東大までは対応できる程度にはあてになる単語帳。筆者（東京大学文科三類、早稲田大学文学部、文化構想学部、慶應義塾大学文学部合格）の所感としては、これ一冊だけ仕上げてしまえば、あとは追加で単語帳をやる必要はない。

『ドラゴン・イングリッシュ基本英文100』（講談社）

頻出の英文100個が意味とともに掲載されており、詳しい解説までついている。自由英作文や和文英訳をするために、英文の型のストックをためることが必要になるが、この本を使えば意味とともに定型文のネタを頭にためることができるようになるため、試験に役立つ。

『Evergreen』（いいずな書店）

英文法を一通り学べる本。入試英文法が網羅されており、辞書代わりに使うことができる。英文法が平易な日本語で解説されているため、英語の学習を進めるうえで理解できないことが出てきても、この本を使えば、理解できるようになることがある。ただし、英文法などインプット多めの参考書は比較的集中が保ちにくく、点数にもつながりにくい傾向にあるため、次に紹介するドリル的な使い方ができる参考書と合わせて使用することを勧める。

『Next Stage（ネクステージ）』（桐原書店）

英文法を一通り学ぶことができる本。『Evergreen』と異なるのは、文法のドリル的な教材であること。とにかく演習量をこなして成績を上げられる。英文法の成績を上げるならば、多くの演習を積むことがおすすめなため、この本を3周ほどすれば、英語の上達が実感できるかもしれない。選択肢式で答えを選ぶタイプの問題集なので、「なぜその選択肢以外は不正解なのか」まで考えながら解き進めるとよい。

『英文解釈の技術』シリーズ（桐原書店）

短めで内容がまとまっている英文を読み解く練習をする英文解釈の入門シリーズ。英文解釈では文法事項が実際にどのようにして文中で使われているのかを確かめながら読むことができる。本シリーズは超入門から入門、基礎、無印とレベルが4段階に分かれており、自分の学習レベルに合わせて使い分けられることが強み。進研模試偏差値でいえば40〜60まで幅広く対応が可能。

『ポレポレ英文読解』（代々木ライブラリー）

『英文解釈の技術』よりも内容が難しくまとまっているが、より実践的な内容を勉強することができる。筆者の個人的な所感としては、この程度のレベルがスラスラ読めるようになると、早慶や東大も十分に見えてくるようになる。これより上のレベルには『英文読解の透視図』などがあるが、そこまでやるかどうかは、個人の判断になるだろう。難関大学を受験するなら、押さえておきたい一冊。進研模試偏差値でいえば60〜65程度から挑戦するとよい。

【理科参考書】

『実戦重要問題集』シリーズ（数研出版）

基礎から応用レベルまでレベルが出そろっており、高校3年生になってから一通り勉強するために使える。特に国公立を受ける人で理科が苦手であれば、この本を使って勉強することをおすすめする。今回話を聞いた東大生からも多くから支持される良問題集。

『難関大入試　漆原晃の物理解法研究』（KADOKAWA）

力学、電磁気、電磁波、原子まで全範囲の良問がそろっている。基本的な知識を完ぺきにしていればギリギリ手の届く難問がそろっており、これが楽しく解けるようになれば、物理の力が相当ついている指標になる。

【社会参考書】

『ナビゲーター世界史／日本史』（山川出版社）

世界史と日本史それぞれ4巻で社会科の通史を一通り教えてくれる本。ナビゲーターシリーズの長所は、すべて講師の語り口調で書かれているため、読み物としても比較的味わいながら楽しめるところにある。教科書だけでも学習は可能であるが、教科書には載っていないが理解を助けるような豆知識などを教えてくれるため、こういった参考書は社会科を自習するなら必須レベルだと考える。高校1年生〜2年生の秋ごろから読み始めて、遅くとも高校3年生の夏までには読破しておくとよい。

『世界史論述練習帳NEW』（パレード）

東大世界史で問われる論述試験の概要から、書き方のいろは、テクニック、果ては教科書には載っていない歴史の横のつながりまで網羅している良書。論述試験のやり方がわからないのであれば、これを1冊読んでおけば、ある程度対応ができるようになる。誤植や誤字が多いのが欠点。

【授業サービス】
『スタディサプリ』

オンライン型の学習プラットフォームで、主要5教科の映像授業が一通りそろえられている。中学生から高校生まで、それぞれの学習レベルにあった動画を見ることで学習を進めることを目的としており、演習問題やテストなどを解きつつ、成績を上げられる。価格も比較的安く、月当たり1815円から受講することができる。筆者は伊藤賀一先生による日本史の授業を受講しており、独学だった日本史の通史を一通り押さえるために利用していた。難関国公立大学の受験でも、十分通用するレベルの授業が展開されている。

家庭教師は必要か？　家庭教師をどれくらいの割合の人が付けているのか？

東大生にアンケートをとった限りでは、今回の100人のうち90％以上は家庭教師がついていませんでした。また、それに関して不満を述べる声もなく、多くは家庭教師が必要なかったと考えているようです。

家庭教師の役割は、大きく分けて2つあります。1つは学習補助で、もう1つはモチベーションの維持です。学習補助に関しては、生徒の疑問を的確にとらえ、理解度を上昇させることを目標とした業務です。いわゆる「勉強を教える」家庭教師のイメージはここから来ています。もちろん、生徒の学習状況によっては、初歩的なことを教える場合もありますし、逆に非常に意欲的な生徒には、学校で教わっているよりも難しいことを教えるケースもあります。

一方で、モチベーションの維持は、生徒の学習意欲を一定に保つ試みです。みなさまも「勉強しなさい」と言われた経験がおありなのではないでしょうか。もしくは、既に毎日子どもに向かって勉強しろと言っているかもしれません。ですが、その結果はみなさまご存じの通り、勉強なんてまったくしません。親から言われても、勉強をする子なんて一握りです。

勉強してほしいのに、まったく勉強してくれない。でも、勉強しろと言って家族の仲が悪くなるのは避けたい。そうした時にこの厄介な役割を演じてくれるのが、家庭教師です。親御さんの代わりに「勉強しなさい」とお子さんを追い立ててくれます。家族仲の心配から強く言い切れない親御さんと違って、金銭を対価として契約している家庭教師は、勉強させることが仕事ですから、しっかりやり切ってくれます。

とはいえ、家庭教師もただ勉強に向かって子どもを追い立てるばかりではありません。時には褒めちぎり、時には脅し、手を変え品を変えながら、子どもを机に向かわせるのです。このようにして、子どもの勉強モチベーションを維持するのも、家庭教師の大きな仕事でしょう。

それでは、家庭教師は必要なのでしょうか？　これについての答えは、NOです。**東大合格に家庭教師はまったく必要がありません**。なぜならば、先ほど述べたように、東京大学などの一流大学に合格するために必要なのは、合格するための環境だからです。

一流高校に通うのも、塾に入るのも、教育体制を整えて、自分から勉強できる環境を整えるためでした。あくまで、受験するのは生徒自身です。先生がいくら尽力しようとも、やる気のない生徒に未来はありません。そうした観点からみてみると、家庭教師をつけることは、やる気のない生徒に対するカンフル剤にはなれど、やる気のある生徒に対するサポートにはならないことがわかります。

既に東大合格に向けて走り出している生徒を考えてみましょう。そうした生徒はきっと、自分から勉強する環境を整えていますし、わからないことがあったら、学校や塾の先生に質問をしに行きます。誰に言われずとも勉強をしますし、そもそも勉強することを嫌がりません。自分で勉強する習慣があり、分からないことがあれば自力で探求し、やる気もある。これでは、家庭教師に仕事などあるはずもありません。

一方で、生徒自身にやる気がなかった場合、彼ら彼女らは勉強する環境を整えられてはいません。わからないことがあったらそのままにして放置してしまいますし、質問なんて嫌がって行こうとしません。言われなければ勉強なんてしませんし、勉強するよりも友達と話したりゲームしたりすることを望みます。ここで、半強制的に勉強させる家庭教師の出番になるのです。

だからこそ、繰り返しますが、東大合格のためには家庭教師は必要ありません。東大合格に必要なのは、自学自習のサイクルを回す環境と習慣です。これらがそろっているならば、そこに家庭教師の居場所はありません。これらがそろっていないのであれば家庭教師の出番ですが、残念ながらそうした生徒の多くは勉強時間の絶対量が足らず、東京大学に合格することはありません。

ですから、東京大学に合格することを考えると、家庭教師は不要と結論付けられます。

ピアノは必要なのか？　岡山大学准教授・中山芳一先生に聞く

今回のアンケートでも実に42％もの東大生が習っていると答えていたピアノ。確かに、多くの東大生がピアノを習っているイメージがありますし、エリート層の子どもたちが多く受講する習い事のイメージもあります。はたして、ピアノは学習に対して効果的に結びついているのでしょうか？

これに関して、岡山大学准教授の中山芳一先生にお話を伺ってきました。先生は、非認知能力の育成をテーマに研究を行っています。非認知能力とは、数字などで測れない能力のことを言います。例えば、計算能力などは点数として明示することが可能ですが、その人の自信や忍耐力、相手を思いやる力などは、点数として明示することができません。こういった能力のことを非認知能力と呼んでいます。

中山先生は過度な早期教育には反対の立場をとられていますが、ピアノ特有の、明確に段階化されたカリキュラムシステムについては、目を見張るものがあるとしています。これはもちろん音楽系に限りませんが、特に音楽のコンテンツに関しては、ステップアップがわかりやすい。例えば、最初のAという教本があって、その教本をクリアしたら次にBという教本があり、それをクリアしたら今度はCという教本を練習し……と、それぞれの教本が持っているレベル感がハッキリしており、どの順番に練習すれば上手くなるかが明確なのです。

とりわけ、ピアノについては、このカリキュラムの明確性が高いといいます。仮に、指導者の指導スキルに差があったとしても、教本の順番だけわかっていれば、ある程度の指導を行える下地があります。

さらに、ピアノの特徴として、ピアノ教室の中だけで完結しないことが挙げられます。すなわち、家に帰って練習しなくてはいけないのです。ピアノ教室で行われるテストや、発表会のために、ある程度まとまった時間を自宅でのピアノ練習に費やさないといけません。そうしなければ、練習についていけなくなるためです。

こうして、ピアノを習う子どもたちは、ピアノ教室に通い、そこで教本に従いながらレッスンを受けます。帰宅してからも復習を少しだけやって、次に教室に行くまでに、指摘されたポイントが完璧にできるようになるまで、しっかりと練習を積むでしょう。そうしてある曲が弾けるようになったら、次の曲を習うようになります。教本ごと次のステップに進むこともあるかもしれません。

これは、実際の勉強の流れと非常に近似しています。勉強して成績が上がる子どものルーティンを考えてみてください。学校に行って自分のレベルにあった教科書や参考書を使いながら授業を受けます。帰宅してからも、その日に習ったことを復習して、次の授業までにわからない部分がなくなるようにします。場合によっては、追加で自習の時間をとる必要もあるでしょう。そうして、次の授業に臨んで新たなことを学びます。

ピアノの持っている流れと、勉強の持っている流れは非常に似ています。**勉強とリンクしている「ステップを積み重ねる感覚」を、まだ勉強について意識的に向かい合っていない小学生の子どもたちに、ピアノを通じて無意識に刷り込んでいるのではないか。**これが中山先生の仮説でした。

確かにそう言われると、納得のいくものがあります。例えば、有名な塾の公文式は、各カリキュラムに段階があります。算数や数学も単純な足し算から始まって、徐々に難易度が上がっていき、最終的には難しい問題に化けていきます。いきなり難しい問題に直面したらたじたじになりますが、そこまでのステップを着実に踏んでいるので、新しいレベルの問題にも太刀打ちができます。

ピアノは、小学生の子どもたちに、勉強のルーティンを刻み込むために役に立っているのかもしれません。親たちがこれを意識しているにせよ、していないにせよ、ピアノを真面目に習っている子どもたちは、「教室で受講→家に帰って復習」の流れを自然と受け入れるようになります。これがピアノから勉強に切り替わった時にも、素直に受け入れられるようになるのかもしれません。

それでは、どのような習い事をさせるべきなのでしょうか？　これについても中山先生に尋ねてみました。先生によれば、「極論、その子がやりたい習い事なら何でもよい」とのことでした。親が何かを与えてそれをやらせるのではなく、子どもがやりたがっていることをさせてあげることに非認知能力の成長が期待できるのだそうです。ピアノに関しても、練習していく中で、子どもの意識が「やらなければいけない」から「もっとやりたい」まで徐々にでも変わっていくとよいとのことでした。

先生は子どもに積極的に遊んでもらうことを推奨しています。楽しくてやりたいからやっているのであれば、それは遊びになるので、推奨すべき。逆に、やりたくないことを無理にやらせても、いつかドロップアウトしてしまう可能性が非常に高い。確かに親が子どもに何かをやらせたいと思う気持ちはあるかもしれないが、優先すべきは子どものやりたいことのことでした。

2章のまとめ

ここまで東大合格者の課金する対象や、適切な課金のタイミング、その金額などについて検討してきました。**東京大学に合格するためには、大まかに分けて2つのルートがあります**。ひとつは、1000万円以上かけつつ、中学受験から準備していくルート。もうひとつは中学校までは地元の公立校に進み、高校受験を頑張って毎年東大生を輩出している一流校に進学するルート。お金を使わずに受験を考えた時には、ほぼ後者一択になると考察しましたね。

忘れてはいけないのは、どちらのルートにしても、得られるものは同じである点です。1000万円をかけても、東大合格。累計で100万円ちょっとしかかかっていなくても、東大合格。単純に金額だけで比較するのであれば、後者の高校受験ルートの方が、効率が良いに決まっています。

それでも、前者の中学受験ルートをとる家庭が後を絶たないのは、中学受験をした方が、大学に受かる確率が高いと考えているためでしょう。実際に、東京大学に毎年100人近くを送り込んでいる開成高校や灘高校のような名門には、実質中学から入学するしか道はありません。中学入試で頑張ることが、実質高校の入学予約になっているのですから、彼ら彼女らは中学受験をやめないのです。

一方で、このルートは悪く言えば、子どもの可能性を信じないルートであると言えます。鉄緑会に入ってさえしまえば、あとは塾のシステムに乗って50％近い確率で東京大学に合格するのです。あとは、どうやって鉄緑会に入れるかが問題になります。同会には、中学校1年生の春のみ、一部の有名中学校に入学したことをもって入塾試験に合格したとみなす制度がありますから、やはり一部の有名中学校に子どもを入れてしまうのが一番手っ取り早い。特に才能に溢れているわけでもない、普通の子どもであっても、鉄緑会で鍛えれば、名門大学に合格できるだけの力を手に入れることができます。

そもそもSAPIXでアルファクラスに入れるとか、中学入試で勝ち抜ける程度には才能が必要だと思われるかもしれません。ですが、一部の富裕層だけが参加している狭い世界の中での競争の勝者であることを考えると、すべての子どもたちが中学受験に参加した場合を仮定すると、どれだけ今の順位が信用できるかはわかりません。中学受験は「お金を持っている」のが前提のレースなので、どれだけ頭がよくても家庭に十分なお金がなければ、そして「中学受験に臨む」ための十分な熱意がなければ、参加できないのです。今の順位は、あくまで「親が教育熱心で、十分すぎるほど教育投資をされた子どもたちの中での順位」に過ぎないことは自覚しなくてはいけません。

高校からの受験を考えるルートは、様々な不確定要素があります。高校受験で子どもが頑張れるのか、頑張った先に合格できるのか。高校に入れなかったから浪人することは考えにくいからこそ、より「安全策をとって」中学受験に踏み切ります。その代償は、楽しい小学校時代の思い出と友人たちです。その先に、果たして幸せは待っていたのか。これは本人にしかわかりません。

たったひとつ、わかることは「**誰かに受験人生を強要することはあってはならない**」ということです。確かに親は子どものためを思って（時には自分自身の見栄のために）受験を勧めるものですが、果たしてそれは子ども自身が望んでいるのでしょうか。その受験は誰のために行っているのでしょうか。東京大学に行くことは、確かに大きな意味があります。

それは、「将来お金を稼げるようになるために」東京大学を目指した、筆者である私自身がよくわかっています。

とはいえ、**東大が9年間もかけて、１０００万円以上のお金を垂れ流しながら進むべき道であるとは、到底思えません。**私は、浪人時の塾１００万円と、高校3年夏からの1年半の勉強で東京大学に合格しました。だからこそ、私の受験人生はコストパフォーマンスがよいと感じています。仮に、私が9年間もかけて東京大学を目指せと言われていたら、私は拒否していたでしょう。

勘違いしないでほしいのですが、私は東京大学に行くことに価値がないと言っているわけではありません。「自分の実力に見合っていないのに、9年間の努力と、１０００万円以上の課金をもって、背伸びをして東京大学に入ってくること」の無意味さを説きたいのです。東京大学は素晴らしい大学です。しかし、そこまで無理をして入ってきても、待っているのは間違いなく挫折ばかり。なぜならば、東京大学には、部活動も全国大会に出場するレベルで頑張って、課外活動にも精を出しながら、1年や2年ちょっとだけ勉強を頑張って東京大学に入学したような人が大勢いるからです。

私は、拠り所になるべき自分の人生の軸は、色々な側面を持つべきだと考えています。

仮に勉強一本でのし上がったとしたら、その人は、自分よりも勉強ができる人に出会った時、どのように振る舞えばいいのでしょうか。「勉強しか」できない人は、「勉強も」できる人に出会った瞬間に、人生を否定されてしまいます。

常に自分の上位互換におびえ、下位互換を嘲るような人生は、きっと健全ではありません。そうではなくて、自分にしかできないことや自分のやりたいことを早期に見つけて、自分の中の軸を増やしていく活動こそが、思春期の若者には必要なのではないでしょうか。

昔、誰かが言っていましたが、「相互互換」になる道を目指すべきなのかもしれません。相互互換とは、各自に個々の強みがあることを認めあうことで、お互いに互換性のある存在になることを指します。「勉強」以外にも、「スポーツ」や「趣味」、「課外活動」など、色々な体験を通して、自分の誇れる実績を積み上げることで、人間は自分の中身を理解できるのだと考えています。

だからこそ、東大を目指すような人に必要なのは、勉強の腕前だけではなく、勉強以外のスキルを磨くことです。そうすることによって、みんな勉強ができる前提のもとで「Aくんは英語が堪能。Bさんはバイオリンの演奏がうまい。Cさんはサッカーで全国大会レベルの腕前を持っている」というように、各自が各自の相互互換になることができます。

相互互換になる道を選べば、自分のできないことに対しても、素直に向き合うことができます。なぜならば、「○○は自分の苦手なことだけれども、その代わりに自分は△△ができる」と、自分の自信になる軸が複数存在しているので、1本の軸が折れても、別の軸によって己を保つことができるからです。なぜこんな話をしているのかと言えば、東京大学に来てから挫折経験をする人が大変多いためです。ただでさえ受験戦争を勝ち抜いてきて「自分は勉強なら負けない」と思っている人たちが集まりやすい大学ですから、高校までと同じく「勉強ができる」の一本槍でやってきては、上位互換の存在に心が折れていく学生たちが非常に多いのです。

私は、そういった学生たちを救う意味でも、上位互換・下位互換ではなくて、お互いを認め合う相互互換になれる道を選ぶべきだと考えます。そして、中学受験から始まる「全自動東大生輩出ルート」は、おそらくこの相互互換の考え方の延長線上には乗っていません。子どもを「人間」ではなく「人材」としてみるこのルートは、受験戦争を勝ち抜いてなお余裕のある一部の勝者にとっては天国ですが、その下には数多の屍が埋もれています。

中学受験をする前に、本当に子どもがやりたいことは何なのか。改めて家族で話し合ってみるのもいいかもしれません。

第3章

「教育とお金」で考える受験戦争の問題点と攻略法

「貧困世帯出身東大生」
布施川天馬
×
「偏差値35からの這い上がり東大生」
西岡壱誠

お金で学歴が買えていいのか？

西岡　布施川さんと一緒に会社をやっている株式会社カルペ・ディエム社長の西岡壱誠です。今日は、偏差値35から逆転合格した僕が、この本を読んだ上で感じた今の受験の問題点や攻略法について、布施川さんと議論していきたいと思います。
　まず問いたいのが「お金で学歴が買えていいのか」という1点です。**本書では「東大ガチャ」として、学歴をお金で買うことができる可能性が高いことが証明できてしまいました。**実際、今でも慶應義塾大学は幼稚舎から子どもを入れることができますね。私立の場合は学歴がお金で買えます。「では東大は？」を考えたのが今回の本で、今の日本ではお金で学歴がある程度買えることが証明できたわけですが、それでいいんでしょうか？「お金で学歴が買える」事実についてどのように思いますか？

布施川　この本を書いていて強く思ったことがあります。**従来「学歴はその人の努力や才**

能次第」だと考えられていたけれど、実はそうではないということです。

例えば小学4年生の時点でSAPIXや日能研の上位クラスに行くためには一見、才能が必要に見えます。ただ、小学1年生の時から準備すれば、割と容易なんですよね。

今回の僕の試算は、あくまで小4からのものです。小4で上位クラスに入れるように、小1から準備すると、出費は年間80万ぐらいかな。だから200万〜300万ぐらいかければ、小4から上位に入れる計算です。すると、開成とか灘とかの合格が見えてくる。つまり、鉄緑会に入れて、かなり現実的な確率で東大合格が見えてくるわけです。

今回の試算では1380万円かかるルートを「誰でも受かる東大合格ルート」と言っています。ただ、さらに**今の受験には「受験の準備」の段階があります。**

都心部では、小学校1年生から塾通いをする子どもたちが後を絶ちません。

小学校入試なども考えるともう切りがないので、あえてカットして小4からにしているんですけど、小1〜小2からの受験を考えるのであれば、1600万〜1700万ぐらいあれば、さらに確実に東大合格も買えるんじゃないか。

西岡　そう、実はもっと前があるんですよ。小学校や幼稚園に通う前から知能訓練を受けさせる家庭も増えていますし、「胎教」といって子どもがお腹の中にいる段階から教育を試みる人もいる。だから、**余裕をもって2000万円あれば、東大合格が買える**と言ってもいいのではないかと思いますよ。

布施川　2000万円ですか。確かに、英語教材とか高いですもんね。

西岡　高いですよ。僕が知っている中でも「英語教材だけで本当に500万かけています」って家があります。

布施川　先日『プレジデントオンライン』というメディアで「難関大学に入るには文系が有利か、理系が有利か」って記事を書いたんですけど、その中で、**「今の日本の入試は英語ができれば文理を問わずに有利になる」**という結論を述べました。

西岡　本当にそうですよね。

布施川　理系も文系も、英語で勝負できれば東大ぐらい簡単に入れるようになっている。英語力ってやっぱり鍛える価値があると思うんですね。ただ、鍛え方って結構難しくて、うんと金がないと難しい。

西岡　留学するにせよ、お金はかかりますね。

布施川　留学って最上級の課金で、基本的にはお金を払って英会話スクールに行くことになるでしょう。僕もいま英会話スクールに通っているんですけど、大体月1万～2万、年間で10～20万円くらい払っています。これは多分、少ない方なんですよね。週に2回、3回って通わせるなら、月謝で3万くらい見えてくる。となると、英語だけで年間30万～40万の出費です。通っている子どもたちを見ても、幼稚園や小学校低学年ぐらいの子が多いんですね。仮に小学1年生から小学6年生まで英語の塾に通わせたとしたら、これだけでもう200万～300万ぐらい必要です。

西岡 東大生の家庭教師に宿題や塾のサポートをさせることを考えると、更に出費はかさむでしょうね。実際、SAPIXについていけないから、プラスで別の塾に通うという例もあります。塾2つの掛け持ちも普通にありうるので、さっき言った2000万の東大課金も、ちょっと出来が悪いなって思ったら×1・5倍、2倍ぐらい、3000万くらいまで増える可能性すらあります。

さらに東大生の家庭教師をつけるとなると、仲介の業者の手数料も込みで、1時間1万円くらいと仮定してみましょうか。ちょっと高いように思えるかもしれないですが、これくらいは普通の金額だと思います。週当たり6時間入れるとして、6万円。月あたり大体25万。**年間、家庭教師代で300万円近く**です。

布施川 週7日のうち、家庭教師が2時間ずつ3日くる感じか。ありえない話ではないですね。

西岡 この時点で年間300万だから、2000万どころじゃなくて、もっと金額がかさむ可能性もありますよ。でも、課金すれば課金するほど強くはなれるので。

布施川 知識や技術を詰め込むことはできるんですよね。

西岡 そうです。だから今回の本では「東大合格ってお金で買える」ってことが、かなりリアルに見えてきたんじゃないかと思っています。

東大受験は暗記でハックできる

布施川 勉強って、遺伝などで有利になる面はやはりあって、同じことを言っても1回で理解できる子と、10回言わないと理解できない子がいるんです。そこで格差が生まれてくると思うんですけど、逆に言うと、お金をかけるなりして10回、20回も同じことを重ねて言えば、ある程度誰でも同じことが理解できると思うんですよ。極論ですが、「この問題文の場合は、ここの数字とここの数字を、こうやってかけ合わせれば答えになることが多いですよ」というパターンをもう暗記させちゃえば、偏差値が高く出ますよね。

西岡　暗記は数なので、どれだけ数をこなすかって話になってくる。それは実際、才能に関係なくて、どれくらい手を変え品を変え、いろんな角度から学べるかということで、これが効率的になされているのが英語教材などなのでしょう。

つまり、**東大受験って意外と暗記でハックできる**んですよ。

布施川　暗記でハックできる？

西岡　例えば東大模試1位をとった子で、世界史の教科書1冊を丸暗記したら点がとれましたと言っていた子もいます。意外と東大生に最近多いように感じるのが、地理のデータブックをまるごと暗記する人。例えばバナナの日本の輸入量や輸出1位の国の輸出額、輸出量などを全部覚える。それをやると地理的思考力が一切要らないんだけど、地理が満点とれるんです。

布施川　そうなんですか？

西岡　地理って、本当は類推しなきゃいけないんですよ。「亜熱帯の国だから、バナナの輸出の1位の国はここだろう」みたいなことを考えるのが地理なんだけど、そういうことを一切やらずに「輸出シェアが32・4％なのはこの国だ！」ってできちゃう。

意外と暗記で東大受験をハックしようとする風潮はあって、まず社会科目はいけます。世界史とかは暗記でいけるから、教科書の論述を全部暗記してしまえば対応できる。で、数年前から流行っている『ドラゴン・イングリッシュ』は、英文を全部丸暗記した上でアウトプットさせるというもので、あれも完全に暗記によるものですね。

数学もパターンです。さきほど述べたパターン暗記で数学を80点中60点くらいとって、英語で120点中80点をとって、世界史で60点中40点とれれば、かなり東大合格の安全圏に来られるんです。残りの社会科目も暗記でどうにでもなるし、国語は現代文こそ暗記では難しいけど、古文と漢文は暗記をしっかりやれば高得点が狙える。すると、**いまの東大受験は暗記だけで合格点がとれるようになっているんです。**

布施川 現代文以外は意外と暗記でいけるんですね。で、問題の現代文も、配点は全科目合計440点中の40点くらいだと言われています。だから、仮に40点全部落としちゃっても残りで6割得点できれば、十分合格できるんですね。

西岡 現代文は漢字が毎回出るから、そこでも得点できますよ。思ったよりも暗記で東大に入るのは楽かもしれません。そうなると、東大入試は暗記で対応可能であるといえる。そうすると「東大合格はいくらで買えるか」がかなり現実味を帯びてきますね。

布施川 ただ、膨大な時間がかかりますよ。

西岡 時間はかかりますね。これには親御さんの監督が必要なんですよ。親以外の人に監督してもらうなら、お金ももっとかかるでしょうね。1380万という試算は、親がある程度コーチングをする想定での数字になりますよね。

布施川 中高以降の勉強は親がフォローアップできない家庭が多いと思いますが、小学校ぐらいまではある程度親がカバーすることで出費は抑えられます。

西岡 フォローアップが非常にしっかりしている中高はありますので、そこから先は環境の問題になってくる。ただ、こうした中高に入るためには多くの場合受験が必要であることを鑑みると、やはり「お金で学歴は買える」と言えそうです。

布施川 少なくとも、**中学受験に関しては買えると思いますよ**。で、**中学受験が買えるなら、実質東大ガチャが回せます。中学受験が買えるから、大学受験もほぼ買える**と僕は認識しています。

西岡 そうですね、お金で学歴は買えるんですよ。

学歴を買うことは悪いのか？

西岡 ただ、**「お金で学歴が買える」のは、世界的に見るとスタンダード**なんです。アメリカの大学なんて、寄付の金額で入学許可が下りることがある。親の所得収入とかも、大学受験の時に提出させられるケースがある。だから、お金で学歴が買えるのは、世界的に見ると普通の話なんだよね。ただ、東大はその現状を憂いてはいるらしく、2、3年前の東大の国語の問題で「教育を通じて経済的な社会階層の再生産が行われている」ことを批判した文章が出てきた。東大自体もいろいろ思っているところがあるのでしょう。

布施川 まぁ東大生のお子さんに親の学歴を聞くと、大体みんな親御さんも有名な大学卒です。今回それも調べましたが、世界的に超有名な海外大卒の親御さんもいました。あとはＭＡＲＣＨとか早慶とか、それこそ東大京大とか。

西岡　なるほど。階層構造は固定化されているし、学歴がお金で買えるようになっているし。これはもう事実として受け入れないといけません。

布施川　僕も、別に受験に課金することに反対ではないんですよ。お金をかけた方がいい大学に行けるのは当然です。お金で買っているというと聞こえが悪いけど、お金で勉強する権利と勉強する時間を買って、たくさん勉強して入っているわけですから。いくらお金を払っても、本人が勉強しなかったら合格できませんよね。だから、お金で学歴を買うような教育投資って別に悪いことじゃないと思うんですよ。ただ、その受験を本人が望んでいるんだったらいいけど、本人が望んでないのに学歴が買えるから買っちゃおう、という考えで受験に臨まされる子どもがいることは嫌です。

西岡　お金で学歴が買える派の人たちは、「子どもが望んでいるかどうかはわからないけど、現実的な投資先」として将来を考えて買っていると思うんですよ。例えば、子どもが「ウルトラマンになりたい」って言っても、ウルトラマンなんかなれるわけがない。それよりは、「ちゃんと勉強して、世の中のためになるようなことをした方がいいんだよ」って言った方がいいのは事実だよね。その究極形が「お金を出してあげるから東大行け」で、本質的には変わらないんです。

布施川 まぁグラデーションの問題ですよね。

西岡 じゃあどこまでがいいのかを考えた時、子どもが「美容師になりたい」って言ったとして、でも美容師業界って結構大変だから、それを知る前の子どもの夢を本当に応援すべきなのか、難しいですよね。小4の子がゲームしたいのは当たり前で、「ゲームじゃなくて、ちゃんと勉強した方がいいよ」って言うのも当たり前。じゃあ、お金をちゃんと払って、勉強に集中できる環境を用意してあげることの何が悪いんだ、子どもが望むままによくわからないとこに突っ込んでいくのを放任するのがいいのか、ということです。

布施川 そうですよね。それは確かにそう。

親のエゴだけで受験していいのか？

西岡　ただし、やっぱり受験には親のエゴを感じる場合も多いのは事実です。「賢馬ハンス」という話があって、この馬は計算ができるというので有名になったんです。「ハンス、1＋1は？」って聞くと、足を2回ポンポンと叩く。そうするとみんな拍手しますよね。「すごい、計算できた！」と思うでしょ。「3＋4は？」って聞くと、ちゃんと7回叩くんですよ。みんな、すごい馬だなーって感心していたんです。

　でもこれ、実は全然違う話だったんです。ハンスは、計算していたんじゃなくて、周りの人のリアクションを見て、「人々が喜ぶ回数だけ足を叩いていた」んです。ただ、周りの顔色を窺《うかが》って空気を読んでいただけだった。

　いま、SAPIXとかに行くと同じことが起きているんです。相互採点の時に、自分の答案は丸付けしないでくれって頼む子が増えているんです。なぜかといえば、「満点以外のプリントを持って帰ると親が怒るから」。だから、丸付けしないで、間違えたところを正解に書き直して丸にして、家に持って帰る。親は、成績がいいと思い込んで喜ぶ。これってまんまハンスとやっていること一緒ですよね。

布施川 なるほど、親の機嫌がいいのは、子どもの成績がいいからですけど、それって全部子どもが空気を読んでやっているからなんだ。それって結局子どもの忖度《そんたく》だよね。

西岡 そう。実際によくある話です。

布施川 だって、**子どもが東大行きたいなんて言うわけない**もん。

西岡 そうなんです！　小さい子どもが自ら進んで「東大行きたい」なんて言うわけないんですよ。

布施川 「ウルトラマンになりたい」のような素朴な子どもの夢を否定するなら、同じ感覚の「東大行きたい」も否定すべきですよね。少なくとも僕はそう思う。ウルトラマンはフィクションだからダメで、東大は実際にあるものだから良いって、それは親のエゴが入った恣意《しい》的な仕分けです。

西岡　そう、じゃあ美容師は？　お笑い芸人は？　ケーキ屋さんは？　どこからがOKでどこからはNGなのかが、完全に親の判断に拠《よ》っているんです。お笑い芸人になりたい子に向けて、「じゃあ芸人になれるように投資しよう！」という親がいたら、それは非常に素晴らしいことだと思うんだけど、そういう親はほぼいません。子どもが望んでいるならいいんじゃないと思うけど、じゃあ子どもが本当に望んでいると言えるかどうかは難しいポイントです。

布施川　中学生や高校生になったら自分の意思も十分あると思うんですよ、ある程度身体も脳も発達してきますから。でも、小学校1年生とか2年生で「パパ、僕東大行きたい」とか「ママ、私東大行きたい」と言うのは、それって本当に本人の意思なのでしょうか？　それとも目の前でパパとママがそれでニコニコするから、ご機嫌取りで言っているのか。

西岡 そうなんだよ。確実なことが何も言えないっていうのが難しい。ただ、この話をややこしくする原因が1つあって、それは**「親は自分のエゴだって言わない」**ってことなんだよね。「あなたのためだよ」って言って、教育投資をし、塾に行かせ、成績がいいことを喜ぶ。

布施川 そうそう。親が「私が東大に行ってほしいから東大合格して」なんて言っているのを1回も聞いたことがありません。

西岡 だけど、お金を払うということは「親は東大に行ってほしい」んだよ。

布施川 そう、正直に言わないだけで、親は東大に行ってほしいから、莫大なお金を払っているわけです。

西岡　この話の気持ち悪さはここにあります。この本を読んで、「やっぱ東大受験はガチャなんだな」って認識した上で、でも子どものために東大ガチャを引こうと思う人がいるなら、それはいいと思う。でも、1つだけ忘れないでほしいのは、それはあなたのエゴだってこと。

布施川　「自分があなたに東大行ってほしいから」って言えるなら、一周回って清々《すがすが》しいですよ。でも、大体の人はこれを隠して、「いや、私は別にあなたに東大に行ってもらわなくてもいいんだけど、あなたが東大に行った方が後で幸せだと思うから、しょうがないからお金出してあげようかな」みたいな態度をしている親が結構多いんですよね。

西岡　それもそうだし、もう1つ問題なのは「あなたのためにいくら払ったと思っているの」って言う親。「これはあなたのために私が献身的にやってあげたことなのよ、そんな私の努力も知らずに何なの!?」と言われても、知るかって話ですよね。お金を払うのは親のエゴだから。子どもが「塾に行かせてほしい。勉強させてほしいんだ」って言って、お金払うんだったら素晴らしいこと。ただ、そんなことはあまりない。

布施川　**ガチャに入っているのは子どもなんだけど、回すのは親**なんだよ。ポケモンみたいな構図なんです。

西岡　お金を出す人間と行動する人間が別の人間ってことだよね、画家とパトロンみたいに。親はあくまで資金を出すだけであって、望んだ結果が出てくるかはわかりません。

布施川　資金援助した結果、望みのところに行けないリスクもあるはずですけど、親はそれがわかっているんでしょうか？　中学受験ってリスクがあって、失敗した時にどうするかは考えとかなきゃいけない。普通、受験するのが周りにバレるから、落ちた時に周囲の視線に耐えきれなくなるリスクがあるんです。

西岡　仮に300〜400万払って中学受験ガチャを回すとしましょう。何%かで東大まで行けます、何%かで上位〜中堅の私大に行けます、で、何%かの確率で廃人になるんです。不登校の理由で意外と多いのが「受験での失敗」です。一回転んでしまったら、その後の人生でずっと引きこもっちゃう人もいます。

布施川　受験って、意外と子どもにはストレスなんですよ。親は金を払うだけでいいんですが、子どもの代償は「幼少期の自由時間と精神状態と友達」なんですよ。まぁ確かに「小学校のクラスメイトなんて正直レベルが低くて、塾に行った方が周囲と話が合って楽しい」って子もたくさんいて、こういう子は塾に行って受験すればいいって思うんです。でも、普通の子にそれを強いるのは違うでしょう。

僕、最近この問題の例えを思いついたんです。普通の子の中に、たまに羽が生えて生まれる子がいるんですよ。そういう子は普通の人間の中にいても迫害されちゃうから、さっさと羽を使って飛んでいった方がいい。でもね、上に飛んでいく子を見た親に、たまに鳥人間にさせられる子が出てくるんです。自分から空に憧《あこが》れるならいいけど、この人造鳥人間はやめた方がいいと思うんです。だいたいうまく飛ぶことができずに力尽きるか、飛びすぎて太陽で羽の蠟《ろう》が溶けて落ちていくかどっちかだから、人間無理しない方がいい。

西岡 とはいえ非常に難しいのは、一般論として「親は子どもの可能性を信じてあげるべき」だとも思うんですよね。子どもが望んでいるか、受験に向いているかがわからないタイミングで「分不相応だから受験なんてやめろ」って意見も確かにあるんだけど、実際やってみなきゃわからない。

布施川 あー、また話がややこしくなってきた。

西岡 そう、親が子どもの可能性を信じてガチャを回す選択もあるんですね。それは子どものことを信じているから。ただ、これで落ちた時にどうなるのか。悲しいことに、結果が出なかった子どもを愛せる親は少ない。
そもそも子どもを産んで、食わせていって、ここまででとんでもない時間とお金をかけている。そこからまた教育投資をして、その先で子どもが失敗した時、ビジネス的な感覚になってしまって、子どものことを愛せなくなる親がいるんです、「不良債権化しちゃった」って。こんな気持ち悪い話はしたくないとは思うけどね。

布施川　**受験は競馬じゃない、ということを強く主張したいです。親に馬券を買っている気持ちになってほしくない。競馬で負けたら怒るけど、子育てはそうじゃないでしょ**。走っているのは自分の子どもなわけで、親はそこを一緒に走るべきでしょう。仮に負けても、「負けちゃったけど頑張ったよね」って言ってあげられるのが、やっぱ最低ライン。

西岡　そうだね、そうじゃないと受験というガチャを回す資格はない。でも、そういう覚悟がない人もいますよね。

「お金がなくて東大に行けなかった」と言う人に言いたいこと

西岡　ここまでは親側の目線で考えてきたけど、この本を読む子ども側の視点でも考えてみましょう。つまり、「僕の親は受験ガチャを回させてくれなかったから親ガチャ失敗だ」と考えている子がいると仮定します。本書でインタビューした人の中にも、家の方針で塾に行けず、そこから東大に行った人がいます。教育虐待の逆で、「本当なら自分は東大に行けたはずなのに、お金がなくて行けなかった」って思う人もいるでしょう。この人たちの差って、なんでしょうね？

布施川　それには答えがあると思いますよ。

西岡　なるほど？

布施川　ずばり「東大に入る方法を知っているか知っていないか」です。お金を払うと何がいいって、勉強する時間が買えるんですけど、それ以上に、いい塾とかいい学校にはノウハウがあるんです。SAPIXや日能研には、「開成や灘に行くならこうしろ」と言ってくれる人がいる。開成や灘には、「東大に行くならこうしろ」と言ってくれる人がいるんです。でも、こういう人には、基本的にお金を払わないと会えないんです。公立の小学校とか中学校には、開成や灘、東大に行く方法を知っている人は少ないでしょう。この人たちに会えないと、自分の現在地点と東大合格ラインが線で結べないんです。だから、**自称東大に行けた人へのアンサーは、「東大に行く方法を知らなかったのが悪い」**。**じゃあどうすればよかったのかというと、高校受験ですごく頑張って、県内で一番の公立校に進学すべきだった**んですよ。

西岡 高校受験は授業態度がよければ成功したりしますからね。

布施川 そう、内申がかなり関係してくるからしっかり稼げばいいし、推薦入試とかも盛んだし。当然、地理的・金銭的な事情もあるかもしれない。でも、後から「本当は東大に俺は行けるはずだった」って言うんだったら、県内一番の公立進学校に行って東大を目指してほしかったと思いますよ。これは難しい問題で、「親が病気でずっとバイトしなきゃいけなかった」みたいな人もいるかもしれないんですが。

西岡 お前がそれだけどな（笑）

布施川 確かに僕はそうだけど（笑）。いろいろな事情も加味しなきゃいけないことはわかっていますよ。とはいえ「実は自分は然るべき投資さえあったら東大に行けたんだ」というぐらいだったら、それなりに勉強をしていて然るべきですよ。仮に高校受験程度を頑張れないなら、東大受験なんか到底ムリですよ。第4章のW・Tさんのインタビューでも考察しましたが、仮に鉄緑会に入っても走り切る体力がないと意味がないんですよ。「自分は東大に行くポテンシャルがあった」って言うなら、まず体力の証明をしてもらわないと。だから、高校受験で県内一番の進学校に行かなかった時点で、東大に行けなかったのは、もう当たり前。

西岡 難しいね。ひとこと「甘ったれんじゃねぇ」で片付けてもいいけどね。

布施川 あと、別の要因も考えられますね。今でこそ東大に入る方法を知っている人って結構います。でも、昔は今よりも少なかったと思うんですよ。特に地方には。そうなると、県内一番の進学校に入っても、東大に入れなかったって可能性が十分にある。だから、そういう人は残念だけど、生まれた場所と時代が悪かった。

西岡 そこまで言うとそうですが、なるほどと思います。「今と昔」という話には僕も思うところがあって、「東大に合格させるための金額」は、今は昔より上がっていると思うんです、インフレに従ってね。ただ、それに反して教育の安価化は進んでもいます。スタディサプリが2000円弱（2024年1月現在）で見られるし、参考書も良書がたくさんあるし。我々も「本」という形で、比較的安い金額で情報提供をさせていただいています。だから、「本当に東大に合格させるためのノウハウ」は安くなっている。

布施川　確かに。

西岡　ここにギャップがあるのではないかと考えているんです。東大に合格させるための金額は平均的には上がっているけど、本当は安くてもいけるんです。「ここに大きな乖離が生まれつつある」というのが、今の教育業界に対する僕の所感です。

布施川　そうですね。ただ1つ付け加えたいのは、今は安くていい手段がめちゃくちゃ増えているけど、「どれが本当にいいのか」は誰も教えてくれないんですよね。
　どの本も「うちの本がいいよ」って言っちゃうんです。当たり前だけど。だから、どの本を読めば必要十分な「東大に入るための情報」が手に入るかわかんないのよ。となると、結局色んな本を読み漁るしかなくて、読めば読むほど時間を無駄に使っちゃうから、合格可能性はやっぱり落ちるんじゃないかなと。

西岡　そうなっちゃうか。

布施川　だって、受験勉強って必要なことだけやれば受かりますもん。スタディサプリの伊藤賀一先生も言っていたけど、「受験＝納期」じゃないですか。必要な量を、必要な分だけ、何日までに全部勉強して理解できたら受かりますよというレースでしょう。

逆に言うと、必要ないことはやらなくていいんですよ。例えば僕も、東大に入るにあたって、「データの整理」とか「空間図形」とか全然勉強してないですよ。ずっと過去問で出なかったので、要らないと思ったから。英熟語も、結局受験勉強中に1つも覚えないままだったけど、それで東大合格しちゃったもん。必要ないことはやらなくていい。じゃあ「この知識は必要ない」とか「その知識は必要」という見極めは誰が教えてくれるの、という話になります。

西岡　なるほど。ちなみにその理論で行くと、今回の試算の1380万円の中には無駄な教育投資もあります。それは塾に行くと、本当に1から100まで網羅的に教えてくれるからですね。だからこそ、全部必要だったかなと言われると、少し疑問が残る。

布施川　逆に家庭教師の時代が来るかもね。

受験は親のモラルも試される時代

西岡　今回の「お金と教育」の議論は、多分未来永劫ついて回るだろうね。いま選抜入試がどんどん増えているけど、それも同じ。むしろ、選抜入試の方が金とは切っても切れない。なんにせよ、東大神話はこの国にあり続けるし、それを金で買おうとする動きも存在し続けるでしょう。なぜなら、この国では「東大合格」がめちゃくちゃもてはやされるから。

親御さんの中には「東大と早慶ってそんなに変わらないんじゃない」って人もいると思うし、「社会に出たら早慶出身の人の方が活躍しているよね」という話もあるでしょう。だけど日本全国の全体で見ると**「東大神話」**の影響力は大きいよ。地方の私立校では、東大合格者が1人出ただけで5年10年経営が持つ、みたいな話がある。「東大」は別格として捉えられているよね。

布施川　地方の進学校なんかに行くと、地元の国公立に行くか、東大に行くかという二択になっていることがあります。ここで「早稲田」とか「慶應」って書くと怒られるんですよね。「私立なんか行くな、それなら地元の国立行け」って。早慶は大抵の国公立より難しいし、ネームバリューもあるのに。

西岡　だからこそ、「東大」はこれからも特別であり続けるだろうという感覚はありますよね。そういえば聞きたかったんだけど、1380万円かけて東大に合格したら、その教育投資の資金ってペイするのかね？

布施川　コンサルティング会社のAFG曰《いわ》く、東大卒の生涯収入は4億6000万を超えるそうです。高卒の平均生涯収入は2億1000万とか2000万だから、これが本当だったら2倍以上あることになる。だから、だいぶお釣りが返ってくる計算になります。

西岡　なるほどね。

布施川　ただし、忘れちゃいけないのは、1400万かけて子どもを東大に入れるでしょ。で、そこから先で金を稼ぐのは子どもで、親に返ってくるかはわかりません。

西岡　返せって言えばいいじゃん（笑）

布施川　そこで「本人の意思で受験したか否か」が問われると思います。ネット上では親に無理やり受験させられて東大に入ったけど、絶対に親と口なんか利きたくもないという話も聞きますよ。

西岡　俺らの友達でも何人かいるね。

布施川　そう。実際に、友達に何人かいるからわかるけど、本当にいるのよ。そういう人たちが東大に入って、いい会社に就職して、4億6000万稼いだとして、親に恩を返すかといったら、僕は返さないと思う。だから、投資として「自分にちゃんとこの金が返ってくるか」を考えるならなおのこと、親と子の関係性は良くしておかないといけない。

西岡 確かにね。あと意外と知られていないけど、**受験では引き際が大事**だと思います。多浪を否定したくはないんだけど、僕の友達に、ご両親ともに東京大学の理科三類出身の医者という子がいて、その子は「理3以外は大学じゃない」と幼稚園や小学校の時からずっと言われ続けて大人になったんですよ。その子は開成行って、東大理3を受けて、理3は落ちたんだけど慶應の医学部に受かった。で、理3に受かるために浪人した。これを3回繰り返したんだよね。

布施川 十分いい結果じゃん。まあ、親の教えからするとよくないだろうけど。

西岡 それで、いま大学も何も行ってないいんだよね。

布施川　そうかー、行かなくなっちゃったかー。

西岡　そういう子もいるんです。その子は多分、教育投資としては2000万じゃ足りない、3000万くらいやっていると思いますね。で、3回ガチャを引いて、結局当たらなかった。このガチャって上限がないので、底なし沼にハマったように抜け出せなくなってしまう可能性があるんですよ。ここは非常に難しいところですね。親に言われて10浪してます、みたいな人もいますから。

布施川　僕も浪人中に噂で聞いたことありますよ。10浪っていますよね。

西岡　だから、受験は実は引き際も大事です。受験というガチャを回す覚悟がある方は、当たらなかったら潔く身を引きなさい。「もう1度回したら、いいものが出てくるかも」って思うのをやめてください。浪人の成功率はそんなに高くありません。

布施川　現役と浪人の比率も今回のアンケートで調査しましたが、現役が77%です。東大の調査でも現役率は70%ちょっとです。現役が7割受かる世界だから、浪人はまぁ落ちやすいと言えます。

西岡　受験というガチャは上限も下限もないので気をつけてほしいのですが、やはり親御さんとしては最大級のプレゼントかもしれないんですよね。

布施川　それで1400万かけて回して、東大受からなかったら怒るんでしょ？

西岡　うん、怒るんだよね。早稲田とか慶應に受かっても怒る人いますからね。大当たりなのに。

布施川　早慶は大当たりですよね（笑）。多くのお金を費やして、東大も早慶も引っかからなくて、結局、都内にある偏差値50ちょっとの私立大学に行ったなんて話、いくつも知ってますよ。

西岡　あるある。でも、そういう子のことも愛してほしいですね。1400万はドブに捨ててもいいっていう覚悟がある人しか、このガチャを回しちゃいけないですよ。

布施川　本当にその通り。**受験は親のモラルも試される時代**に来ていますね。

第4章
東大合格者に受験にかかったお金を聞いてみた

この章では、実際に東大生たちにインタビューし、どのように東京大学に合格したかをレポートします。今回話を伺ったのは、小学校から高校まで公立で塾に行かずに東京大学に合格した人や、あるいは逆に、小学校から塾に通って中学受験をして、受験勉強の世界に身を投じて戦い抜いた人など様々です。

彼ら彼女らの経験から得られる話は、ここまでで検討してきた一般化されたデータよりも説得力は薄れますが、その代わり、平均化されていない個別の話の持つリアリティがあり、実際に受験を考える人にはヒントになる部分もあるはずです。

どのようにして東大生は育てられてきたのか？　一日にどれくらい勉強したのか？　どうして東京大学に行こうと思ったのか？　こうした疑問を解決する手助けになればいいと思っています。

学校を使い倒して合格した東大生の実例

布施川天馬の実体験

ほかの東大生の前にまずは筆者である布施川天馬の実体験をお話ししましょう。私は、東京大学に通っている現役の学生です。東京都内の足立区にある、大卒の父と中卒の母による世帯年収300万円台の家庭に生まれました。私は中学受験こそしていますが、第一志望の都立中学には落ちてしまい、滑り止めの私立中高一貫校へ進学します。そこでは特待生待遇を受けていたため、学費ゼロで在学できました。東大を志したのは、高校3年生の時。家庭内に色々な事件があり、それがきっかけでした。結局一度目は落ちてしまい、浪人しますが、この時は河合塾での浪人を選択。めきめきと成績を伸ばしていき、見事2年目は東京大学に合格できました。私事ではありますが、幼少期から振り返っていきたいと思います。

私の幼少期は、とにかくゲームや漫画が好きな子どもでした。ゲームを与えられるまでは、近所の公園に遊びに行って走り回っていたようですが、ひとたびゲームを与えられると大変にのめりこみ、一日中ゲームをしていました。当時遊んでいたのは、親戚のおじさんのおさがりであるプレイステーション（初代）やスーパーファミコンを使ったゲーム。特に『ファイナルファンタジーⅦ』と『風来のシレン』、『MOTHER2』がお気に入りで、これは何度も遊んでいました。

また、家族でよく遊んでいました。特に私の母は、私を溺愛しており、朝も夜も、ずっと付きっ切りで遊んでくれました。元々演劇部だったこともあり、母は読み聞かせが大変うまく、図書館で絵本を数十冊も借りてきては、それらを全部私に読み聞かせていたようです。家にお金はありませんでしたが、お金がなくても楽しめるアクティビティをずっと探しており、常に私を楽しませようとしてくれていました。

母の読み聞かせの影響か、小さいころから文字には強い興味を示していたように思います。父の趣味で早くから家にあったパソコンには家族の誰よりも興味津々で、一日でパソコンの操作を覚えてしまったそうです。まだ幼稚園に入る前だったにもかかわらず、アルファベットを知っていたのは、パソコンのおかげでした。また、先述のゲームの攻略本を読むことが何よりも好きで、暇さえあれば読み進めていました。中でも『ファイナルファンタジーⅦ』の攻略本は大変分厚く、読者層もおそらく高校生〜大人をターゲットとしていたので、難しい言い回しや漢字が盛りだくさんでした。それらはすべて、自力で調べたり、大人に聞いたりして、言葉を覚えていたそうです。

小学校に入学すると、成績はずっと100点を連発していました。つまらない計算ミスや、漢字の間違いなどで点数がとれない時もありましたが、それらを除けば、基本的には常に満点。通知表も「よくできる」以外とった覚えがありません。逆に、手先が大変不器用であったので、家庭科や図工の授業については、いつも苦手でした。これらの授業だけは「もう少し頑張ろう」のハンコがついていたことを覚えています。

当時の勉強時間はゼロです。小さなころは父の意向でZ会による通信教育を受けていたのですが、全くやる気がなく、教材を解くどころか、開封すらもしませんでした。小学校高学年になると、中学受験を意識して、近くの塾に入れられるのですが、これもやはりやる気がなかったので勉強しませんでした。

余った時間は、ずっとゲームをしているか、友達と遊んでいるかでした。ゲームにのめりこむ熱は、おそらく誰よりも強く、朝の9時から夜の21時までテレビの前を離れなかったこともありました。小学校高学年になってくると、パソコンの操作も一通りわかってくるので、ネット上に落ちているフリーゲームを拾ってきては、パソコンでプレイすることを繰り返していました。

また、小学校のころはよく本を読んでいました。本を読むと先生や親から褒められることもありましたし、何よりファンタジー小説を読んでいると、ゲームをやっている時のような現実にはないワクワク感を得られて楽しかったこともあります。当時読んでいたのは、

『デルトラクエスト1〜3』『ダレン・シャン』『バーティミアス』『ハリーポッター』『ブンダバー』『魔女の宅急便』『セブンスタワー』などです。あとは、『かいけつゾロリ』や青い鳥文庫の作品のような児童文学もよく読んでいました。少し背伸びをして夏目漱石の『坊ちゃん』に手を出しましたが、当時はまったく面白さがわからず、途中で挫折した思い出があります。

小学校高学年には、先述の通り塾に入れられました。色々な塾を見て回りましたが、結局家から近い塾に決定しました。塾の資金は祖父母に頼んで、100万円ほど出してもらっていたようです。しかし、子どもだった私はそんなことも一切知らず、行きたくない日は「おなかが痛い」とサボり、塾に行っても隠れてニンテンドーDSで遊ぶなど、まったく勉強のモチベーションはありませんでした。

当時の偏差値は国語だけよくて60程度、算数など他の科目は50台でした。特に算数は、ひどい時には40まで落ちることもあり、親は戦々恐々としていたことでしょう。ただ、偏差値の意味も知らなかった私は「40もあるならいいじゃん」と考えて、楽観視していたことを覚えています。

第一志望は、名門都立中高一貫校の小石川中学校でした。勉強など一切していなかったこともあり、ここはもちろん不合格。合格発表は父と見に行きましたが、私はポカーンと掲示板を眺めていました。そもそも中学受験をした理由は、「いい学校に行きたいから」ではなく、「地元の学校に行きたくないから」だったので、私からすれば、どこかに引っかかればどこでも良かったのです。足立区に住んでいたこともあり、当時の地元の中学校はヤンキーだらけでかなり荒れていました。そこに行ったら、いじめられるかもしれないと危惧しての受験だったのです。

そして、滑り止めとして共栄学園中学校を受験しました。ここは、通っていた塾が紹介してくれた学校で、家から自転車なら30分以内で通えることもあり、交通の便も悪くありませんでした。「自転車で通えるならいいじゃん！」と私もかなり乗り気でいました。

共栄学園には、見事特待生で合格することができました。特待生にも種類がありますが、私の場合は1年だけ学費が無料になる「1年特待」でした。ただし、年度末の成績表にて、主要五教科の評定平均がある数字を超えると特待年が1年間延びる制度がありましたので、これを狙ってここに入学しました。

実際、親からは「特待生が切れたら転校」と言われ続けていました。ただし、小学校のころの勉強のしなさを見た両親は、ある条件を出していました。それは、「特待が切れない限りは、勉強には口を出さない。何をしていてもいい」でした。共栄学園中学校に通い続けたいのであれば、自分の責任で勉強をして、特待になって学費を稼げ。今から考えると、中学生には少し酷な気もしますが、ノルマだけ決められて、あとの行動は自由になるこの方式は、自分にとって大変やりやすいものでした。

中学生からは吹奏楽部に所属していました。ここではマーチングドリルと呼ばれるステージショーに出会い、中高6年間はこれにのめりこんでいました。当時は、中学生でも20時の閉校まで部活をしてよかったので、授業が終わり次第部活動へ直行して、20時まで練習を楽しんで、帰っていました。

もちろん、中学生に上がってからの勉強時間もゼロ。授業を聞いているだけで70〜90点程度はとれていたので、必要な評定平均をとるにはそれで十分と判断したためでした。実際に、特待生を維持するには十分すぎました。さすがに、テスト前には各教科1〜2時間程度見直しはしていましたが、やったことといえばそれだけです。

これは、私の才能があったわけではなく、学校の勉強がとても簡単であったからだと考えています。全国模試での偏差値は、だいたい55〜60程度だったのですが、大体この程度の成績で学年1〜5位がとれてしまう程度の学校だったので、授業内容もそれほど難しくなく、むしろ簡単だったのです。
当時のスケジュールは、以下のような感じ。

7：00　起床・登校準備
8：15　登校
15：30　授業終了・部活へ
20：00　部活終了
20：30　帰宅
〜23：00　ゲームなど

本当にこの通りの生活を毎日送っていたので、勉強をすることはありませんでした。それで十分でしたし、それ以上の成績をとっても特待生の維持には関係がないので、いい成績をとることに全く興味がなかったためです。

授業内容をしっかり聞いて、毎回の小テストで90点以上がとれるようにしているだけで、学校の定期テストは高得点が狙えます。もしも、子どもが学校の定期テストに苦戦しているようでしたら、まずは日常の宿題や、小テストで高得点を期待できるまで復習することをお勧めします。この程度なら塾や参考書など、特別な勉強法は必要ありません。

中学3年間はこの調子で生活を続けました。共栄学園は中高一貫校でしたので、もちろん内部進学を選択します。高校受験は一切考えなかったので、普通の中学3年生の学生よりも勉強量は少なかったと考えられます。

高校に進学してからも、特に勉強の習慣は変わりません。学校の授業を聞いて、小テストでそれなりの点数をとれるようにしているだけで、80~90点程度はとれるので、特待維持を目的にしていた私にとってはそれで十分でした。なので、中学生の時と変わらず、上記のようなスケジュールで毎日を過ごしていました。

高校1年生のころから、担任には東大を勧められていました。「学内でも1、2を争うほど忙しい吹奏楽部の活動をしているのに加えて、生徒会活動（のちに生徒会長まで務めました）をしており、相当忙しい学校生活を送る中で、東大に合格したらカッコいいぞ」とおだてられ、半分は乗り気になりました。どうせ目指すところもないし、行けたらカッコよさそうだから、東京大学を目指してみるか。その程度の気持ちでした。

とはいえ、特別な勉強はしません。東京大学に行ったことのある先輩がそもそも2人しかいませんでしたし、彼らと接触する機会もほとんどありませんでした。自分が東京大学に合格するまでどれほどの勉強が必要かわかりませんでしたし、それを理解する気もありませんでした。そのため、「東京大学に行きたい」とは言いつつも、何の行動も起こさない毎日が続いていました。

事態が急変したのは、高校3年生になってからです。高校3年生の6月に部活動が終わり、引退してからは真面目に勉強するようになっていたのですが、この時もまだ「行ければ東大、ぼちぼち頑張ろう」くらいの気持ちでいました。

高校3年生の10月ごろのことでした。両親から「すぐに家に帰ってこい」と呼び出され、急いで帰宅しました。そこで、母がステージ4の乳がんであることを告げられました。「5年後の生存率が何%」のような話をしていた気もしますが、あまりにショックだったのか、当時のことはよく覚えていません。

また、運の悪いことに父の勤めていた会社も傾きかけていました。給料が払われなくなって久しく、仕方がないので、会社を辞めて、独立することになりました。とはいえ、独立してすぐに仕事やお金が入ってくるわけもありません。最初のころは、仕事をもらうために奔走していました。この期間は母も働けなかったので、父が日雇いの倉庫作業のバイトなどをやって食いつないでいました。

ここで、人生について自分なりに深く考えました。母は乳がんで死にかけている。私を溺愛していた母です。人生に占めるウェイトもかなり大きく、相当衝撃を受けていました。それだけではなく、父は仕事をなくして、日雇いのバイトで家族を食わせるために、50歳にして年下の社員に怒鳴られながら単純作業をしている。父は中央大学の法学部を卒業しています。本当ならば、そんなことをしなくても、十分に家族を食わせていける収入を得ていてもおかしくありません。

どうしてこんなことになっているのか。もしも母が死んで、父の事業がうまくいかなかった時は、自分はどうするのか。様々な可能性を考えました。そうして出した結論が「自分は自分の力で生きていくしかない」ことでした。自力でお金を稼いで、自分の力で生活をしていくためには、いい大学に合格するしかありません。それも、国立の大学で自分の家から通えるところでないといけない。この条件に当てはまるのは、東京大学だけでした。

ここから、本気で東京大学を目指し始めます。そうしないと、人生が閉じてしまうと危機感を抱いたためです。しかし、少し大変な目にあって、ちょっと人生を考えて、決意を固めたからといって、そううまくはいきませんでした。そもそも高校3年生時点での駿台予備校主催の東大模試では、数学3点をとっていたのです。これまでありとあらゆる勉強をサボっていたこともあり、受験勉強は英文法、数学の公式の暗記などから始めなくてはいけませんでした。

英語は英文法から始めました。『NEXTSTAGE（ネクステージ）』を文法と語法の部分だけ3周ほど解いたら、センター試験の英語では160点を下回らなくなりました。イディオムは費用対効果が微妙だと判断したので一切勉強しませんでした。英文解釈も『ポレポレ英文読解』から始めました。英語長文はあまり勉強しておらず、ほぼそのままセンター試験や東大の過去問にチャレンジしていました。

国語は得意だったので、『現代文と格闘する』だけ解きました。それまでセンスと勘で解いていた現代文を、論理的に解くためにはどうすればいいのか。一通りの技術はこの本を使って学びました。

数学については『青チャート』から始めました。高3の夏から始めて、11月ごろには2周解き終わっていました。これのおかげで数学の基礎が身についたような気がしています。実際に、現役時の東大入試でも数学で80点中37点を記録できました。

社会科は学校で2科目カバーできなかったので、当初は日本史だけ独学にしました。世界史は東大卒の受験勉強用の授業が展開されると聞いていたためです。それが、当てが外れてしまい、世界史の担当は緩い授業で有名な先生にあたってしまいました。そのため、結局日本史も世界史も両方共を独学で履修することになりました。これらについては、スタディサプリの授業と『ナビゲーター世界史／日本史』シリーズを使って学習しました。論述試験の対策はわからなかったので、先生に聞いていました。

勉強法は「とにかく先生を利用しまくる」こと。塾や予備校に頼ることができなかったので、意識して学校の先生を利用しようと考えていました。私は特待生だったので学費こそ払っていませんでしたが、生徒は学校に学費を納めている「お客様」なわけで、サービスを提供する側である学校に対して、ある程度の要求をする権利があります。これを自覚的に利用しようと思いました。

具体的には、少しでもわからないことがあったなら、すぐに先生に質問をしに行きました。また、少しだけ先生に無理を聞いてもらって、特別な演習プリントを作ってもらったり、受けていない授業のプリントを分けてもらったりしていました。これらは、私が中学高校と生徒会長を務めて、先生からの好感度を意識的に高めていたからこそできたことだと考えています。また、先生とは不思議なもので、生徒から質問をされればされるほど、その生徒のことを気にかけるようになっていきます。自分の仕事の時間を奪う存在であるはずなのに、質問されると意気込んで答えてしまうのです。これは、私も塾や予備校で先生の立場になってみてわかりました。やはり、生徒から質問が来ると嬉しいのです。

最初はとにかく何もわからなかったので、どんなに細かいことでも質問をしに行きました。元から一部の先生には顔を覚えられていましたが、すぐにすべての先生と仲良くなり、職員室に行くたびに声をかけられるようになりました。

こうして勉強を進めましたが、1年目は東大入試で550点中の299点をとったところで終わってしまいました。他にも、早稲田大学、慶應義塾大学、明治大学などを受験しましたが、どれも不合格。1年目は全落ちでした。

東大文系の合格最低点は、およそ340～360点なので、あと50点程度は欲しいところです。今から考えると、箸にも棒にもかからない点数ではありましたが、この受験を受けて、私には一つの勝算がありました。高校3年生の夏からの半年で、私は150～200点ほど点数を上げています。このペースなら、あと1年あれば絶対に合格できると確信したのです。

そこで、両親に浪人をお願いしました。折悪く、当時は祖父が病気で亡くなったところであり、そんな状況ではなかったはずなのに、両親はすぐに祖母に相談しました。祖母は「亡くなった祖父の遺言なので」とお金を貸してくれました。足りない分は、私の両親がカードローンなどを使って借金して揃えてくれました。それでもお金が足りなかったので、予備校までの交通費やお昼代などは、自分で週3日アルバイトをして稼ぎました。

そうして、河合塾での浪人生活が始まります。ここからは、塾の言うとおりに勉強しただけなので、特筆すべきことはありません。週に3日のバイトがある日は9時〜17時、もしくは16時〜23時まで働いて、それ以外の日は21時ごろまで勉強をしました。毎日の勉強時間は、授業を含めると10時間程度だったでしょう。自習の時間は5〜6時間程度だったと思われます。もちろん、予備校に行っても、先生に質問をしに行く習慣はなくさないようにしていました。不思議なことに、私の通っていた予備校では、私以外のほとんどの生徒は質問をしに行っていませんでした。その前年の受験で自分に足りない部分があったから東大に落ちているのに、その足りない部分を埋めようともせず、あまつさえ予備校で作った友人たちと戯れるのに時間を使っている。この人たちは、本当に東京大学に合格する気があるのだろうかと常々疑問に思っていました。実際、その年に東大に受かったのは、10人ほどいたクラスメンバーのうち、僕を入れて3人だけでした。

高校までの生活と変わらず、家に帰ったら勉強を一切しないようにしていました。私は家だとどうしても遊びたくなってしまうので、「家は遊ぶ場所」「学校（予備校）は勉強する場所」と決めて、その通りの行動をとっていました。毎日家に帰ったら1時間〜2時間程度のゲームの時間をとるようにしていましたし、予備校ではスマホの電源を切ってカバンの奥底にしまい、余計なことに気をとられないようにしていました。

両親は、こうした私の行動について一切文句を言いませんでした。私のことを信用してくれていたのか、家で一切勉強しない私を目にしながらも、「勉強しなさい」とは一度も言われたことがありません。

やはり**必要なのは「信用できる学校」と「勉強ができる環境」の2つを用意すること**です。高校生の当時、私が勉強しなかったのは、「今以上に勉強すると、どんな結果が待っているか」がわからなかったからでした。高校生の時の自分は、恥ずかしながら東京大学を舐めており、「今のままでも本気を出せばなんとかなるだろう」と考えていたのです。

東京大学に行った先輩たちが、一日にどれくらい勉強していたのか。どんな勉強が必要なのか。どんな参考書、もしくは勉強法が効果的なのか。これらを知る機会がなかったことは、私にとって不利でした。もちろん私が知ろうとしなかったこともありますが、それ以上に「東大に行った実例」を目にする機会がなかったことも要因です。それにもかかわらず、学校からは「うちの学校に通っていれば塾に通う必要はない」と教えられていました。父親はともかく、中卒だった母親は受験のいろはを知らないので、私と一緒にその言葉を鵜呑みにしていました。実際は、塾が必要でした。

受験勉強は、必要なことを必要な分だけ勉強して、頭の中にインプットすれば、誰でも合格できます。では、何が大変なのかといえば、「何が必要なことで、何が必要でないか」を判断してくれる大人が中々いないこと。必要でないことばかり勉強したり、逆に必要なことを勉強しなかったりしているから、合格できないのです。私がこの本のなかで進学校の高校への入学をしきりに勧めているのは、ここに理由があります。毎年東大に数人以上を輩出している学校ならば、絶対に「東大へ行く方法」を知っている人がいます。逆に言えば、進学校に入らないと、先生も生徒も手探りのままで「東大に行く方法」を探すところから始める羽目になります。

もし進学校に行けなかった場合は、塾に通うのがいいでしょう。進学塾や予備校であれば、必ず「東大に入る方法」を知っている大人がいます。彼らの言うとおりにしていれば、まず間違いなく東京大学に合格できます。私の場合も、河合塾の東大コースに入ってからは特別な勉強法などしていません。東大コースにいるチューターや、教えてくれる先生方のアドバイスに従って、予習や復習を毎日行っていただけで、東京大学をはじめとする難関大学にいくつも合格できたのです。ですから、大学受験で勝ちたいのであれば、大学受験で勝ち抜けるだけの環境を勝ち取るしかありません。

ここまでは私の経験を語ってきましたが、ここからは、4人の東大生（東大卒業生）たちに話を伺っていきます。3人は中学受験を経験しておらず、公立中学校、公立高校から東京大学へ合格しています。もう1人は中学受験を経験しており、第2章で検討したような受験戦争人生を進んできた方です。彼らは、いったいどのように東京大学への歩みを進めてきたのでしょうか。

塾に行かずに合格した東大生の実例

斎藤あかりさんインタビュー

斎藤あかりさん（仮名）は、東京大学に通う現役の学生です。東京都内にある年収20

0万～400万円台の家庭に生まれた彼女は、**公立中学校、公立高校を経て、現役で東京大学に合格**します。なんと塾には一切通っていませんでした。いったい、どのような勉強をすれば彼女のように「塾なし、中高公立学校」で東大に行けるのでしょうか。斎藤さんの幼少時代から話を伺っていきます。

斎藤さんは、東京都内で生まれました。その世帯年収はお世辞にも高い方とは言えませんでしたが、ご両親はお金がない中でも楽しい機会を子どもに提供しようとしてくれたようで、十分な愛情を注がれて育ったようです。ちなみに、お母様は短大を出ており、お父様は専門学校を卒業されているとのことでした。

現役で東京大学に合格するのですから、さぞ勉強が好きだったのか。そう思って「小さいころから勉強していましたか？」と伺いました。すると、その答えは〝NO〟。保育園に入るまでの彼女は、児童館や図書館など、公共施設の遊び場に毎日のように連れて行ってもらっており、それ以外にもデパートや公園などでイベントがある度に、遊びに連れて行ってもらっていたようでした。

保育園に入ってからは、友達と遊ぶようになります。もちろん、この時は東京大学に入ろうなんて思ってもいませんし、ご両親もそんなことは一切考えていなかったようです。ですから、特に勉強を意識することもなく、別に得意だと思ったこともないとのこと。とにかく外に出て学ぶ機会と、創作活動に一人で熱中できる自由な時間が、刺激を求めて自ら学ぶ姿勢の基礎になったと語ってくれました。

今でもアクティブで創作的な活動が大好きな斎藤さん。大学でもパフォーマンス系のサークルに入っている彼女ですが、幼少期から自分で詩を作ったり、自作の歌を披露したりしていたようです。親戚からは「天才じゃないか」と褒められていたのでした。

小学校に入ってからの成績も聞いてみました。これは、彼女曰く「普通に全部できるくらい」とのこと。小学校時代の勉強（もちろん都内の一般的な公立校のカリキュラム）では、特に苦労することもなく、普通に授業を聞いて、普通に毎回満点をとってくる程度には勉強ができていたようでした。逆に、満点が当たり前だった彼女は、少しでも失点があると、大変なショックを受けていたそうです。

彼女自身、勉強で困らなかったこともあり、特別なことはやっていなかったと語ります。勉強は嫌いではなかったといいますが、それでも勉強に集中するのは授業中と、宿題をやる時くらい。学校から配られたものしか知らなかったので、それ以上に難しい問題に相対する世界があるとは知らなかったのです。もちろん、「中学受験」なんて、存在自体を知りませんでした。家の方針としても、公立以外の選択肢がなかったため、受験しようとは思わなかったようです。

学校の勉強以外にすることといえば、各年度の終わりに、その年に勉強した範囲のまとめドリルを買ってきて一通り解くくらい。特別な塾に通ったり、勉強カリキュラムを組んだりはしていなかったようです。買ってきたまとめドリルの内容が小学校の内容よりも難しかったために、心が折れそうになりながらも楽しく解いていたと語っています。

ただし、小学生のころ、たった一つだけ、面白い取り組みをしていました。それは、「自主学習ノート」の作成。小学校の先生から出される毎日の宿題で、そのルールは「勉強でも勉強以外でも、どんなことを書いてもいいので、見開き2ページぶんを埋めて、先生に提出する」ことでした。もちろん計算ドリルや漢字の書き取りなどをやって提出してもいいですし、自作のイラストを描いてもよい。筆者はこの課題を、生徒の自主性を重んじて、よく伸ばしてくれる良い課題だと感じました。斎藤さんは、この課題に対して、自分で撮った写真をたくさんはったり、詩や物語を作ったり、自らフィールドワークをして報告したりと、自由なアウトプットを楽しみながら取り組んでいたようでした。

先述の通り、勉強するといっても、授業を真面目に聞くことと、宿題を解くくらいのこと。それ以外の時間は小学校の友達と仲良く遊んでいました。校庭や児童館、図書館など、子どもだけで行けて、お金がかからない施設を活用して遊んでいたようです。また、地域の小学校は少ない勉強でも楽々満点がとれましたが、中学校に入ると具合が変わってきます。小学校までのテストと異なり、中学校からのテストでは、しっかり点数を測り、勉強の習熟度が問われるようになります。小学校時代のライバルから、「一緒に学年10位以内をとろうね！」と宣戦布告をされた斎藤さん。しかし、周りの人すべてが自分よりも頭がよさそうに見えてしまい、「当時は絶対に無理だと思った」と振り返っています。

ですが、実際にテストを受けてみると、その結果は学年1位。あまりの成績の良さにまわりがざわつくほどだったといいます。そこから「まじめなキャラクター」にみられるようになり、そのポジションにプライドも持ち始めた斎藤さんは、「1位を取り続けるしかない」と考えるようになりました。そうして、中学校3年間の間、すべてのテストで学年1位を取り続けたのです。

では、どれほど勉強していたのでしょうか。斎藤さんは当時を振り返って、「1位をとろうと必死ではあったけど、そこまで勉強していたわけではなかった」としています。ただし、定期テスト前になると、平日は3～4時間程度、休日は5～6時間程度勉強していたというのですから、やはりそれなりの努力はしていたといえます。

彼女曰く、「どちらかというと、自習を頑張るよりも、授業を真面目に聞いていた」といいますから、授業を真面目に聞き続けることの意味を証明してくれているといえるでしょう。特に公立の中学校にもなると、勉強についていけなくなってしまう子も増えてきますが、まずは授業の内容をしっかり理解しようと努める姿勢が大事なのかもしれません。

彼女の場合は勉強しているだけではなく、しっかり部活動にも参加していました。週5回の活動があるダンス部に所属していたのです。激しい運動に分類されるダンスですから、当然部活動をやってきたら疲れ果てています。そのため、部活終わりにはまともに勉強する体力が残っていませんでした。ですから、彼女は宿題だけは毎日やると決めて、あとは定期テスト期間だけ毎日勉強して、一位を死守する方針をとったのです。さらに、彼女の活動は部活動だけにとどまりません。学校の年間行事も大好きだった彼女は、実行委員に立候補しては仕切っていたそうです。

中学2年生の冬になると、そろそろ受験を意識してくる時期になります。最初は、どの学校を受けるのか全く考えていなかった斎藤さん。家の近くにある、偏差値60程度の公立高校を受けようかと考えていました。その動機も、その高校に魅力を感じるからではなく、「家から近くて自転車で通えそうだから」。

さすがにこれではいけないと思った彼女は、春休みから色々な高校を見学に行くようになりました。そうして出会ったのが、偏差値70程度の某都立高校。東大生を毎年輩出している、都内でも有数の超進学校の一つです。ホームページ上では冷たく固い印象を受けたようですが、実際に行ってみると「学校全体の雰囲気に強い魅力を感じた」とのこと。この高校が大好きになり、絶対に行きたいと考えるようになりました。

なんと、学校見学会を合わせて8回も行ったといいます。一つだけ滑り止めを考えてはいましたが、実際は、もうこの学校以外は目に入っていません。

そうして推薦入試を使って高校受験しました。推薦入試では、書類による自己PRにはじまり、総合的な学力が問われる小論文、受験生同士の集団討論、個人面接で評価されます。作文コンクールなどでもらった賞や学校代表で参加した体験活動の記録など、自分のすべてをかけて確実に入学を狙いに行きました。また、推薦で入れなかったとしても、一般入試で入れるように、勉強は毎日続けていたそうです。

当時の勉強スケジュールは、毎日5時間~6時間程度。中学校3年生の10月まで部活動があったため、これくらいが勉強できる時間の限界だったそうです。夏休みには、人生で初めて10時間超えの勉強にチャレンジし、より一層自信を高めました。

こうして、見事に高校に合格した斎藤さんですが、入学先は都内でも有数の一流校です。色々な境遇、背景の子どもたちが集められる公立中学校とは異なり、ある程度勉強を頑張ってきた、いうなれば各学校のエース級しかいないような環境。勉強で苦労することはなかったのでしょうか。

結論から言うと、まったく勉強で苦労することはありませんでした。なんと、高校に上がってからの最初のテストでクラス1位をとってしまったのです。「みんな勉強に自信がある子たちが来ている。自分もこれまでは1位をとれたけど、これからは難しいかもしれない。だから、たくさん勉強して遅れないように頑張ろう」と考えて、ものすごくたくさん勉強していたら、こうなってしまったとのことでした。

もちろん部活動は続けています。ダンス部に加えて、軽音部にも入っていました。併せて週に4回程度の活動を頑張っていたそうです。もちろん、部活の時間以外に練習時間も必要だったので、結局週に5回〜6回活動するくらいの忙しさはあったようでした。

もちろん普段から勉強しないとクラス1位はとれません。毎日ちょっとずつでも予習と復習くらいの勉強はしていました。本格的に勉強を始めるのは、部活がなくなるテスト2週間前くらいから。部活がなくなって空いた時間を全て勉強に充てていたようです。特に趣味もなく、SNSもやっていなかったので、友達と遊びに行くこともありません。寝る・食べるなど基本的な生活に使う時間以外は、すべて勉強に充てていました。

結局1年生～2年生の間は、ずっと学年1位や2位あたりを行き来していました。3年次からは順位発表がなくなったため、不明とのことですが、彼女のことですから、きっと3年に上がってからも1位かそれに近い順位をとっていたと予想されます。少なくとも、成績が落ちることはなかったようです。

こんな順位をとっていましたから、高校1年生の時点で、先生からは東大を勧められていました。ただ、あまり本気にはしていませんでした。面談の時は、東京都立大学を目指すと答えます。そもそも彼女は、高校1年生までは「自分は大学に行かない」と考えていたのですから、無理もありません。家にお金がないからではなく、「みんなと同じ進路を選択したくない」と考えたためです。東京都立大学を志望したのも、観光系学部など、他の大学にはないようなユニークな学部があったからでした。

ただ、大学に行かずに別の道に行くには、それなりに調査が必要になります。そのため、彼女は地元の図書館に通って、色々な本を読むようになりました。そうしているうちに、「自分のやりたいことは、探究活動や教科書の一歩先を学ぶことだ」と気付きます。では、どこでそれらができるのか。こう考えた時に選択肢として出てきたのが、東京大学でした。

同時に、彼女はこう考えるようになります。「どうせ、自分はあと2年間勉強を頑張らなくてはならないんだ。どうせ頑張るんなら、自分がこれまでやったことないような、とんでもない努力をしてみよう。妥協しないで、全力でやりぬこう」。先生からは、あと2年あれば東大に受かると言われていたところでした。

新型コロナウイルスによる自粛期間が高校生の時にやってきました。高校2年生の1月ごろから、部活動が一切なくなります。そうして空いた暇な時間はチャンスととらえ、すべて勉強に充てるようになりました。

休日は14時間勉強。平日でも6~7時間は勉強。毎日分単位で勉強時間を記録して、管理していました。この勉強時間の数字が大きくなればなるほど、「自分は未だかつてしたことがない努力をしている」と嬉しくなりました。特に時間の都合をつけやすい休日は、今までの勉強時間を超えるような新記録を出したいと考えながら勉強していました。

公立中高だけで東大に合格した、具体的な勉強法についても聞いてみました。

国語については、『上級現代文』シリーズを使っていたそうです。全部で合わせて3周ほどしていました。東大の過去問をやったり、色々な文章を要約したり、それらを国語の先生に見せて、添削してもらうことを繰り返しました。古文と漢文については、ひたすら単語の勉強と句形の暗記に努めました。

数学は、全体の勉強時間のうちの3分の1を占めていたそうです。いわゆる『青チャート』や『一対一対応の演習』などを解き、それらから類題になるものをフラッシュカードに纏めました。このカードに問題文だけ書いて、これを何回も周回して解き続けたのです。こうして判明してきた苦手分野を『分野別標準問題精講』や『合格る確率＋場合の数』などで潰し、体制を整えました。

英語はとにかく英文解釈を続けていました。2年生の時から解き続け、『ポレポレ英文読解』『英文読解の透視図』に加え、『英文和訳演習』という少しマイナーな参考書にも手を出していたようです。

すべて分刻みでスケジュールを立てて、いまやっている勉強の進捗によって、リアルタイムで計画を変えながら勉強を進めます。無駄な分野を削るか、時間を延ばすか。全体の計画を調整しながら、自身のスキルアップを進めていきました。

こんなに勉強していると、嫌になりそうな気もしてきます。勉強のモチベーションはどのように保っていたのか、聞いてみました。彼女の場合、「時間をこなすこと」それ自体が、モチベーションになっていたそうです。「今日は15時間勉強しよう」と思ったら、実際に15時間消化するまで落ち着かない。自分の中で超えられるかわからないほどのノルマを決めて、それを達成することが快感だから、苦ではなかったそうです。

もちろん、もともと勉強は嫌いではありません。なんなら、「本当はもっと勉強したいけど、眠いからやめざるを得ない」こともあったそうです。

塾に通おうとは思わなかったかも聞いてみました。これは、まったく考えなかったようです。そもそも通っている高校が手厚いサポートをしてくれていたため、現代文も、古文も、英語も、数学も、日本史も、地理も、すべての受験科目について、担当の先生からマンツーマンで手厚い添削サービスを受けられました。

この環境があって、自分も勉強ができたため、高校時代の彼女は、自身ですべてをコントロールできる環境にいました。だからこそ、新たに自分をコントロールする要因を増やす必要はないと判断したのです。彼女以外にも東京大学に合格したのは、塾に通わず高校に頼って勉強していた人が多いとのこと。

東大一本で受験した斎藤さん。自分の中では「ダメだ、落ちてしまった」としか思えず、崩れ落ちて泣いていたそうです。ご両親も、斎藤さんの頑張る姿を見ていましたし、気を遣ってくれていました。そもそも大学にはあまりこだわっておらず、「私立以外なら、あなたの行きたいところに行けばいい」といって温かく見守ってくれました。ご両親は一緒に学校見学に行ったり、模試の結果に興味を持ってくれたり、頑張り続ける彼女を献身的に支えてくれた、受験における陰の功労者。行きたかった東京大学に合格した時には、一緒に泣いて喜んでくれたほどでした。

最後に、「もっとお金をかけたら、楽に東大受験できたと思いますか？」と聞いてみました。彼女の答えは「全くそうは思わない」でした。これは、彼女曰く「必要十分な手段を全うできた自信があるから」。

お金をかけないで東大に受かるためには、周りを見ないことが重要だと説きます。どうしても「安い手段＝悪い手段」だと考えがちですが、昨今の市場には、安くても十分高品質な手段が集まっています。

もちろん、すべての高い手段がいい手段であるともいえません。確率的には、高い手段の方がいい手段である可能性が高いですが、**探せば、お金をかけなくても質のいい勉強をする手段はある**のです。参考書や、映像授業サービス、教育系youtuberの動画など、安価でいい受験手段もたくさん出てきました。お金がないと嘆いて他人を羨む前に、いま手が届く範囲のものを、どう活かせるか考えて試してみることが大切だといいます。

そうした上で、小学校、中学校まで公立の学校に行くのであれば、高校受験を頑張るべきだといいます。各都道府県の中でも、トップの公立高校に進学するか否かで、ずいぶん結果は変わってきます。それに、大学受験をする前提で考えると、高校受験はその演習と捉えられます。その中で、計画の立て方や、自分の癖を把握できるでしょう。高校受験を適当に済ませず、しっかり選んで本気で受験することをおすすめしていました。高校に入ってから、大学に入ってから、何事も入ってからが全ての本番なのかもしれませんね。

公立中高から推薦で東大合格した東大生の実例

A・Tさんインタビュー

A・Tさんは、現在都内で働く東大の卒業生です。某県にある、世帯年収400〜600万円程度の家庭に生まれた彼女は、公立中学校、公立高校へと進学し、東京大学に合格しました。さらに、彼女の場合は、**推薦入試で東大合格**している点が特異です。いったいどのようにして合格を勝ち取ったのでしょうか。彼女の幼少期から話を伺います。

会社員の父とパート・アルバイトの母のもとに生まれたAさん。共働きの家庭で、そこまで裕福とはいえませんでしたが、それでも十分に愛されて育ちました。父は高卒、母は中卒の家庭で、身内にも大学を出ている人はまったくおらず、環境だけ聞いていると、東京大学出身者が出たことが不思議に思えるほどです。

幼少期はほぼ勉強しておらず、ずっと本を読んでいたそうです。1日1冊程度のペースで読んでおり、これらの本はすべて図書館や学校に付属の図書室で借りていたのだとか。当時子どもたちから支持を得ていた『かいけつゾロリ』や名作『赤毛のアン』などを特に好んで読んでいたといいます。

親から「勉強しろ」と言われたことはなく、特に勉強で困ったこともなかったので、そこまで勉強に打ち込むことはありませんでした。小学校時代の習い事も、塾ではなく週に一度だけ水泳をやっており、楽しくのびのびと過ごしていたようです。

肝心の小学校時代の成績は、本人曰く「中の上」程度。毎回テストで80点をとってくるくらいだといいます。確かに、公立小学校のテストだと、少し成績のいい子であれば100点を連発しても珍しくありませんから、毎回80点はそこまで優れているともいえないかもしれません。

Aさんはそのまま学区内の中学校へ進学します。中学校に上がってからは、彼女は良く勉強するようになりました。中学校で受けたあるテストで、たまたま良い順位がとれたのです。勉強でいい点をとると、気持ちがいい。そう気がついて、勉強するようになったのだとか。中学校からは、毎回学年で30位以内程度の成績をとるようになったと話してくれました。

当時の勉強時間は平日で3時間程度、休日だと4~5時間ほど。中学校1年生後半~2年生はじめくらいからは、毎日このペースで勉強していたようです。

ただ、ご両親はAさんがここまで勉強していることを知らなかった様子。ある程度いい成績がとれているなら、県内でも公立の進学校を目指すのが普通ですが、Aさんのご両親は、むしろ家の近くの商業高校に行ってほしかったようでした。

Aさんは、やがて県内でも有数の公立進学高校に入学していきますが、これがご両親にとっては若干の不満要素であったそうです。小学校のころに一度引っ越したAさん家族でしたが、その理由が「家の近くに商業高校があるから」でした。Aさんの進学先の高校は家から遠く、交通費もかかるので、「どうしてうちの近くの高校にしないんだ」と当時はいろいろ言われたようです。

中学時代の彼女は卓球部に所属しており、週に6回の活動がありました。ただ、部活をやっても勉強できないほど疲れるわけではなかったので、家に帰ってからも勉強を続けていたようです。

そこで、当時の生活スケジュールを聞いてみました。以下の通りです。

6：00　起床
8：00　学校到着

15：00　授業終了
18：00　部活終了
19：00　帰宅
〜23：00　勉強
23：00　就寝

中学生当時から23時まで毎日勉強を続けるのは大変な努力が必要だったでしょう。これを続けられるところに、彼女のひたむきさが感じられます。ただ、頑張れたのは彼女自身の力だけでもなかったようです。当時通っていた中学校の担任の先生から、勉強時間を記録するように言われていたのでした。「何時から何時まで勉強した」と報告して、それの上位者がクラス内で張り出されていたのです。彼女はいつも、クラス内で1番か、2番目くらいに勉強していました。

勉強する内容については、教科書ワークのような、教科書の内容をサポートする参考書を使っていたといいます。難しい内容をやるのではなく、あくまで教科書準拠で進めることにこだわりました。普段の勉強内容も、教科書を丸暗記するなど、教科書準拠で進めていました。

このころも本が好きで、ずっと本を読んでいたようです。当時読んでいたのは、『ダレン・シャン』や『大草原の小さな家』など。どちらも小学校高学年～中学生あたりの子どもに胸を張って勧められる名著です。ただし、高校に入ってから親にスマートフォンを買ってもらった影響で、中学までよりは本を読まなくなったとのこと。

こうして、順調に勉強を重ねたAさんは、県内でも屈指の公立進学校であるM高校へと順当に進学していきます。M高校は毎年数人の東大生・京大生を輩出している学校で、Aさんからしても挑戦的な決断でした。

M高校に入ってからは、卓球部と文芸部に所属していたAさん。卓球部が週に6回、文芸部では毎日活動していたといいます。ずいぶん活動的な文芸部だと思いましたが、それもそのはず、なんと文芸部には彼女一人しか所属していなかったのでした。

一方で、高校に上がってからはまったく勉強しなくなってしまいます。最低限、宿題をやって終わりにする程度で、ひどい時期は宿題すらまともにやらなかったのだとか。おかげで成績は急降下し、クラスで下から3番目程度にまで落ち込みます。この理由を彼女は「最初のテストであまりいい点数がとれず、『ここじゃ上位をとるのは自分には無理だ』と諦めてしまったから」と振り返ります。

そんな彼女も、高校3年生の夏になって、ようやく重い腰を上げます。一日平均5〜6時間の勉強をし、休日の勉強時間は10時間にも上りました。第一志望は京都大学で、京大の過去問を解いたり、単語帳をめくったりしていました。ただし、京大の入試日程よりも先に、東大の合格発表がされてしまい、そこで合格していたので、京大には受験しに行かなかったようです。

いきなりそこまでエンジンをかけると、反動で辛くなった時期はないのでしょうか。勉強のモチベーションについて聞くと、特に問題はなかったといいます。高校時代は人間関係に悩みがあったというAさん。その分、現実から離れられる勉強については、辛く思うことがなかったようです。ただし、学校から与えられている課題をやればやるだけ伸びていった分、「勉強をやらされている」感覚もぬぐえなかったとのこと。とはいえ、総じて自分の中で納得感があり、勉強のモチベーションについて違和感を抱いたことはなかったそうです。

具体的な勉強法についても聞いてみました。理系科目は『フォーカスゴールド』など、基礎系の参考書を多く回していたようです。英語は『システム英単語』で単語を覚えて、文章系は学校で配布されたプリントを使っていたと話してくれました。国語は元から得意だったので、過去問を解く程度で、あまり自分から参考書などを使って勉強した記憶はないようでした。社会科目は、センター試験から数えて最後の2カ月で準備をしたそうです。日本史Bと倫理・政治経済で受験していて特に倫政は過去問で20点台だったのが、2カ月で一気に90点台まで伸びたそうでした。日本史は授業で受けていたので、復習でほぼカバーできていたといいます。

やはり、県内でも屈指の公立高校に通っているだけあって、学校の授業内容のレベルが高いことを感じさせてくれます。進学校に通っていると、学校の授業を受けているだけで、それがそのまま受験対策になることも少なくありません。学校が、そのまま受験対策の塾の役割を果たしてくれるのです。今回多くの東大生に取材を申し込みましたが、どこの進学校も「うちの学校に通えば塾はいらない」と宣伝しているようでした。もちろん、中には学校の実力が足りていないのに、見栄を張って「塾はいらない。学校だけでいい」としているところもあります。目安としては、公称偏差値が65以上の学校であれば、本当に塾はいらないのだと信用してもいいかもしれません。

センター試験の過去問では当日まで8割を超えたことがありませんでしたが、それでも当日は運よく自分と相性のいい問題ばかりが出題されて、900点中の85％以上をとって合格しています。受験は水物とは言いますが、やはり自分の解きやすい問題が多く出るかどうかは、運次第です。ここだけは神様に祈ってもいいのかもしれません。

彼女の驚くべきポイントは、その圧倒的な国語力です。有名予備校である河合塾が主催する模試では、他の科目の偏差値が50程度に落ち着いているのに対して、国語だけは70オーバーの偏差値を記録しています。

それもそのはず、彼女は小学生のころから小説を書いていたのでした。むかしから本が好きだったAさんは、本をたくさん読んでいるうちに、自分でも物語を書きたくなり、いつしか小説を書き始めたのです。持って生まれた本好きの気質に、創作性に溢れた彼女の気質が合わさった結果といえるでしょう。

推薦入試も得意の国語力で突破しています。彼女の学部の推薦入試では、小論文とプレゼン、・面接形式で合否を判断しています。プレゼンは高校生には難しいので先生にも一緒に対策をしてもらったそうです。ポスターを作ったり、パワーポイントでスライドを作ったりするのは、慣れていないと厳しいものがあるでしょう。

逆に、小論文については、試験前日に東京のホテルで過去問を探して、さらっと流した程度。日ごろの文芸部の活動と卓球部の活動をしっかりやっていたため、活動の実績はある程度携えていました。特に、文芸部の活動では、部員が一人しかいないにもかかわらず、なんと全国大会出場の経歴を持っています。負ける要素はありませんでした。

ついに訪れた面接試験では、事前に提出した書類についてと、1日目の小論文の内容について、どう思ったかを尋ねられました。専門的な内容については「わからない」と回答したそうですが、それでも合格しているので、少し知識が足りないところがあっても十分合格は見えるようです。

ご自身としても、余裕だった小論文はともかく、面接では辛いところがあったと振り返っています。事前に提出した資料の誤りを指摘されるなど、無理かもしれないと思ってしまうような感触でした。ただ、センター試験の結果がよかったので、少し期待したとのこと。蓋を開けてみたら合格しており、びっくりされたそうです。

この合格に、ご両親も当然反応。東大は推薦の枠が、各学校で男女1人ずつ、合計2名しか受けられません。もともと記念受験のつもりで受験しに行ったこともあり、相当驚いていたようでした。なんと県内の新聞にも合格速報が掲載されたそうです。

この時、一緒に受けた同志社大学は、残念ながら不合格になっています。国語・英語・社会科で受けられるところを、少し気分を変えてみたいと考えて、国語・英語・数学で受験したところ、これが大失敗だったのだとか。東大に受かるような生徒でも、MARCHクラスの大学には足をすくわれるケースがあります。実際、筆者も東京大学に合格した年は、東大、早稲田、慶應の各学部に合格していますが、唯一明治大学の文学部にだけ不合格通知をもらっています。

彼女は自身の受験結果について、「こんなに少ない努力で東大に行ってしまっていいのか」と不安を抱いたようでした。本当は東大志望ではなく、行きたい大学があったのです。そこは、東京都内にある、偏差値50程度の私立大学でした。国立しか行けないとわかっていたため、先述の同志社大学も、練習感覚で受験しています。

最後に、「もっとお金をかけたら、楽に受験できたと思うか」と尋ねてみました。これに対する答えは〝NO〟です。彼女自身、あまり予備校を利用しておらず、どちらかというと学校の授業に頼って勉強していました。クラスで成績がよかった人たちが予備校を利用していなかったこともあり、予備校に通っても成績上昇に関与する部分は少なく、得られるものは少ないと考えているようです。

当初の第一志望とは異なるとはいえ、通っていた東京大学に対しては、「行きたいところに行けたとは思う」と振り返っているAさん。文才を活かして、どのように社会に貢献されるのでしょうか。今後の活躍に期待です。

家庭の方針で中学受験を断念した東大生の実例

縹峻介さんインタビュー

縹峻介さん（仮名）は、現在東京大学理学部物理学科に所属している現役の東大4年生です。奈良県の、世帯年収800万円ほどの家庭に生まれた縹さんは、筋金入りの勉強好き。親が降参するほどの、もともとの地頭の良さに加えて、自分から塾に行きたいと言い出すほど勉強したがりでした。ですが、家庭の事情から中学受験を断念した彼は、結果として高校受験、大学受験と立て続けに失敗してしまいます。本書内で検討したよりは、少ない金額で東大受験をしている縹さんですが、彼は自身の受験人生についてどう考えているのでしょうか。

奈良県内で生まれた縹さんは、四大卒の父と、音大卒の母に厳しくしつけられつつも、愛されながら育ちました。生まれたころから母親にピアノを教えられていましたが、ピアノ自体に興味がなかったこともあり、当初はあまりピアノにいい感情を抱いていなかったようです。母の主催するピアノ発表会の時だけ、練習していました。

両親ともに働いていたので、早い時期から幼稚園に入れられました。

小学校は、地元の公立小学校に通います。交友関係はそこまで広くなかった代わりに家での一人遊びに夢中で、「BE-GO（ビーゴ）」というパソコンの英語教材でいつも遊んでいたようです。

4年生になると、公文式とバスケットボールクラブに通い始めました。火曜金曜がバスケの日、月曜木曜が公文の日。週4日習い事がある、忙しいスケジュールを送っていたようです。この公文に通ったきっかけこそ、縹少年のリクエストにありました。

当時の縹さんの学校の成績は、常に「よくできる」ばかり。普通に授業を聞いて、普通に100点をとって帰ってくる毎日でした。学校の勉強は宿題をやるだけで解けてしまいます。彼のご両親も「この子は自分より頭がいいから、何も言わない」と決めていたそうでした。

小さなころから算数や数学が大好きだった縹さん。彼の知識欲は止まりません。どうしても、塾に行きたい！　ですが、彼の母親がそれを許しません。塾に行けばお金がかかりますし、中学受験をしたがるようになるかもしれません。塾に行きたい子どもと、塾に行かせたくない母親。問答の末に、折衷案として出てきたのが「公文式に通う」ことでした。

公文でめきめきと才能を伸ばしていく縹さん。小学校5～6年生のころには、既に中学数学や高校数学の教材を進めていました。さらに、小学校5年生から、彼には算数・数学専門の家庭教師がつきます。彼の才能を最大限伸ばすための教育方針でした。受験数学に全く触れていないにもかかわらず、彼の数学偏差値は、四谷大塚の模試換算で60を超え、上位15％に入っていました。四谷大塚の模試を受けるのは、ほぼみんな中学受験を考えるエリート集団なので、地力で上位に食い込んだのはすごいことです。当然、塾からも勧誘の電話が来ますが、家庭の方針で断りました。

彼は中学受験とは無縁のまま、ほぼその存在を知らずに育ち、地元の公立中学校に進学します。中学校のころの成績は、定期テストでいえば、500点満点中420点程度で、学年順位は10～20位ほど。上位ではありますが、高すぎるところにいたわけではありません。

部活動は陸上部。週6回の活動で多忙です。ですが、彼はそれに加えて塾通いまで始めます。中学1年生の冬、どうしても塾に行きたいと親に頼み込み、高校受験を勘案されたのか、今度は許されました。週に3日、念願の通塾が始まります。

一方で、自習時間はゼロ。塾の宿題を少しやる程度で、自主的に何かを学ぶほど熱意は高まっていません。学校の宿題も授業中に全て終わらせていたので、家ではほぼ机に向かいませんでした。ただ、塾では夜の22時まで真面目に勉強していたことを考えると、全国の平均的な中学生よりはずっと勉強していたと言えるかもしれません。

中学3年生にもなると、部活動も終わり、徐々に高校受験を意識するようになっていきます。

彼は、もともとは、進学校ではなく奈良工業高等専門学校（奈良高専）に行きたかったそうです。理系に興味があったし、面白そうに見えました。

ただ、中3の冬ごろによく考えた結果、奈良高専でできることと、自分のやりたいことに差があると気がつきました。彼のやりたいことは、理論によった基礎研究的なこと。一方、奈良高専で学べるのは、どのように機械を設計して動かすかなどの実学的なことでした。

幸いにも、彼の成績はいい方で、様々な高校を狙えました。親からは「高校か大学のどちらかは私立に行っていい」と言われていたこともあり、奈良県ではトップクラスの高校を狙おうと考えます。西大和学園高校です。

惜しくも彼の実力は届かず、西大和学園高校には落ちてしまいましたが、第二志望だった奈良高等学校には合格できました。奈良県内で一番の公立高校です。

彼の勉強法は、とにかく必要だと言われたことを一刻も早くこなすことでした。塾から言われた課題や過去問などは、渡された瞬間から取り組んで、誰よりも早く先生に提出していました。おかげで、先生たちからは「もうやることはない」と言われてしまうほど。彼のまじめさがよく表れているエピソードです。

こうして進学した奈良高等学校では、なんと数学で学年一位をとるほど健闘します。一方で、英語や国語は学年内でも下から数えた方が早いレベル。理系科目は極端にできるのですが、文系科目がからっきしでした。これは、後の大学受験においても、大きな課題としてのしかかってきます。

部活は物理部と、地学部、そして総務委員会（いわゆる生徒会）に入っていました。総務委員会の仕事がなければ部活動に向かう生活で、毎日19時ごろまでは学校に残るなど、忙しい学校生活でした。

とはいえ、中学のころと生活はそこまで変わりません。勉強時間は少しだけ増えて、予習復習をするようにはなりましたが、それだけでした。もちろんテスト前は毎日5〜6時間程度勉強していましたが、毎日熱心に取り組んではいなかったようです。ただし、物理の勉強だけは別。物理オリンピックに出場しようと目論み、毎日電車で通学する時間を使って、物理の教科書を読み込みました。

彼が東大を目指そうとしたのは、高校2年生からです。理系クラスの中でも特別に探究活動の時間が設けられているＳＳＨクラスに配属になりました。このクラスの東京研修の際に、彼は東京大学のオープンキャンパスに訪れます。東大のオープンキャンパスでは、来校者向けに特別講義が行われていることがあります。この時は重力波の講演がありました。

その講演を聞いているうちに、違和感を抱きます。「あれ？　おかしいな。どこかで聞いたような話ばかりだ。このエピソードも聞き覚えがある」。やがてその正体に気付きます。当時彼が愛読していた重力波についての文庫本。講演者は、その本を書いた先生その人だったのでした。
「こんなに面白い本を書いた人が東京大学にいるのか。この本を書いた人に出会えるなら、自分も東京大学に行ってみたい」と思うようになりました。もともとは成績がよかったわけでもないので、東大は無理かもと考えていましたが、高3の秋に思い立って第一志望を東大に変更します。

ですが、神は彼に微笑まなかった。得意だった理科と数学の点数が思ったよりも伸び切らず、東大に落ちてしまいます。彼は当時の自分を振り返って、「京大なら受かる実力はあったかもしれないが、東大には明らかに一回り足りなかった」としています。理科と数学が、あと一歩伸びれば、合格でした。信頼していた武器が、東大には通用しなかった。

当時の勉強法も聞いてみましたが、印象的なものはないそうです。特に何をしていたわけでもなく、言われたことをしていたばかり。曰く「何も考えずに勉強していたから、東大に落ちたのかもしれない」。勉強には目的意識が必要であることを痛感します。

辛い浪人時代が始まります。浪人生の中には「もう勉強なんかしたくない」と投げ出す不届き者が混ざっていることがありますが、彼は「自分が東大に行きたいと言っているのだから、その発言の責任はとらなければ」と勉強し続けました。そのため、浪人中は全く友達を作らなかったそうです。確かに志望校を下げれば楽はできるかもしれません。それにもかかわらず、そうしないで自分の希望に突き進むためには、それなりの対価が必要になる。今回の取材で、一番印象に残った言葉でした。こうして頑張り続けた彼は、一年後、見事東京大学理科一類に合格します。

最後に、「もっとお金をかけたら楽に受験できたと思うか」を聞いてみました。彼の答えは〝ＹＥＳ〟。

彼曰く、振り返ってみれば自分は中学受験がしたかった。それは、小学校4年生から塾に通いたがったエピソードからも明らかです。当時は中学受験の存在自体知らなかったが、受験を経て、一流の中高一貫校などに入学できていたら、自分の人生は違っていたのではないか。

彼は勉強を苦にしません。むしろ、勉強に楽しさを感じており、「成績がいい人ってかっこいい。自分も成績がよくなりたい」と常々考えていました。周りに頭がいい人がいる環境で勉強を頑張ることが大好きでした。なぜならば、その人を抜かそうとして、さらに勉強を頑張れるからです。

彼は、ポテンシャルこそあったものの、中学、高校入学時の成績はそこまでよかったわけではありませんでした。彼が、奈良高等学校に、そして東京大学に合格できたのは、ある集団の中で上を目指して努力できたからです。周りに優れた人がいればいるほど、彼自身もそれに触発されて優秀になっていく。仮に、彼が中学受験をして名門中学校に合格していれば、彼は中学時点から、さらに優れた人を目標として走り出せました。そうすれば、高校入学時のレベルも高くなり、東大に現役合格できたかもしれません。

勘違いしてはいけませんが、彼は奈良高等学校に進学した今の人生を悔やんではいません。彼は、奈良高校で総務委員長（いわゆる生徒会長）まで務めるなど、裏方に回って大きな仕事を為し続けました。勉強だけではなく、様々な活動に目を向けて、多種多様な活躍ができたのは、今の人生だからこそかもしれません。

東大合格を目的にすると、それまでの人生の経過を無視してしまいがちです。東大に行けたか、行けなかったか。まるで大学受験しかこの世には存在しないかのように思えてしまいます。ですが、本来人生は生まれてから幼稚園、小学校、中学校、高校まですべてが地続きです。大学受験までの人生と、そこで培ってきた人生観を議論の組上に乗せないわけにはいきません。東大合格は誇るべきかもしれませんが、東大以外の人生も、そこで手に入るものがある事実も、それぞれ検討して慎重に人生を選ばなくてはいけません。

中学受験をして東大に受かった受験エリートの実例

W・Tさんインタビュー

W・Tさんは、現在都内で働く東大卒業生。東京都の、世帯年収2000万円ほどの家庭に生まれたWさんは、小学校のころから塾通いを楽しみ、中学受験をして桜蔭中学校に合格しました。彼女はそのまま鉄緑会に通いながら東大を目指し、桜蔭高校に内部進学の後も勉強で困ることはなく、見事東大に現役で合格されました。まるで、**第2章で考察した「エリート東大生の受験人生」そのままのような受験ルート**です。彼女はこの人生について、どのように感じているのでしょうか。

東京都内で生まれたWさんは、両親から無上の愛情を注がれながら育てられました。小さなころから本好きで、幼少期は『泣いた赤鬼』や『かいけつゾロリ』などを好んで読みながら育ったようです。また、小学館から出ている図鑑のシリーズが好きで、植物、地球、恐竜、海の生き物など、あらゆる図鑑を読んでいたようです。読みたいと言った本は、何でも買い与えられていました。

小さなころから物欲などの欲求が薄く、公共の場で駄々をこねたり泣いたりしない子どもだったそうです。むかしから好き嫌いも少ないようで、「親の手がかからない子だった」と振り返っていました。

また、4月生まれだったこともあり、同年代の子どもたちに比べると、比較的「お姉さん」な方でした。幼稚園では、先生に交じって同級生を列に並べるなど、率先してみんなを纏める役割についていたそうです。

やがて彼女は地元の公立小学校に入学します。元々聡明だった彼女は、もちろん小学校の勉強程度で苦戦することはありませんでした。家で勉強せずとも、授業を聞いて、宿題をやるだけで、簡単に100点が取れてしまう。彼女にとって、公立小学校での勉強は、すこし退屈なものでした。教科書などは配られた日にはすべて読んでしまって、先々の勉強のカリキュラムなども把握していたほどです。

当時の彼女の楽しみは、月に一度家に届けられる『知の翼』でした。『知の翼』は、日能研が発行している通信教育です。楽しい冒険ストーリーをベースにしながら、勉強のいろはを知らず知らずのうちに学ぶことができます。

やがて、この冊子を読んでいるうちに、日能研主催の模試への招待が届きました。興味本位で受けてみたWさんは、そこで尋常ならざる結果を出したのでしょう。模試を受けてからというもの、日能研から熱烈なラブコールが届くようになります。彼女の才能にほれ込んだ教室長が、「せっかくの素質がもったいない」と熱心に勧誘に来たのです。最初こそ、自分たちとは縁のないものと無視していたWさん家族でしたが、あまりの熱意に根負けして体験授業へと赴くことにしました。

そこでWさんは、今までになかった世界を体験します。小学校でやっていた勉強とは異なり、やることなすことすべてが新鮮なのです。退屈なだけの勉強ではなく、自分が頭をひねって考えなくてはいけないことがある。知的好奇心が刺激された瞬間でした。彼女がその日のうちに日能研への入塾を決めたのも、当然の結果と言えましょう。

当時彼女が通っていた日能研の教室には、3〜4つのクラスがありました。編入したてのWさんは、なんといきなり最上位クラスからスタートすることになります。週に3回、算数と国語、理科社会の授業を受けていました。

進学塾ではよくあることですが、同じクラス内でも成績によって席次が変わりました。彼女の通っていた塾では、最前列に4人座る席があり、そこから後ろは6人掛けの席になっていました。最上位4人だけが、最前列の4人掛けの席に座れるのです。Wさんは、最前列争いの常連でした。彼女と、頭の良い男の子たち3人（のちに彼らは都内有名男子中学校へ進学）とで、いつも席次を争っていました。

とはいえ、このころになっても家で勉強する習慣ができたわけではありません。大学に入るまで、一貫して家で勉強する習慣がなかったのですから、驚きです。彼女は、塾での授業と、課された宿題だけで、常に受験の最前線に居場所を作り続けることに成功していたのです。実際、日能研の勉強で苦労したことはあるかと質問したところ、「まったくない」との返答が返ってきました。全国1位などではなかったものの、人並み以上には勉強ができていたのです。家での自習時間の確保なしに、最上位クラスの最前列に3年間残り続けていたのですから、確かに勉強には困っていなかったのでしょう。

彼女の楽しみは、月に一回行われる席順テストの結果と、先生から最前列の優秀なメンバーにだけ出される特別課題を解くことでした。いつも最前列席を争う男の子たちと4人で協力して、ひとつの難しい問題を解くのは、楽しい思い出でした。

もちろん進学塾なのですから、入った瞬間から中学受験をするのは確定事項でした。両親は「地元の学校に通えばいい」と考えていましたが、塾の先生は彼女のポテンシャルを見抜いていたのでしょう、難関校の受験を勧めました。塾で楽しそうに勉強している姿を見て、やがて彼女の両親も「受験した方がいいかもしれない」と思い始めました。ただ、家族全員が中学受験事情には詳しくなかったので、すべてのスケジュールは塾の先生に組んでもらったそうです。彼女は、本当はいつも仲の良かった最前列仲間の男子たちと同じ中学校に行きたかったのですが、それは不可能でした。彼ら男の子たちの志望校は、男子校だったのです。男子校が受験できないとわかった彼女は、仕方なく女子高で一番偏差値の高い中学校を受験することにしました。それが、桜蔭中学校でした。

中学受験に向けて、特別な勉強をすることはありませんでした。彼女曰く「塾に楽しく通って、楽しく授業を受けて、楽しく友達と問題を解いていたら、受かっていた」とのことです。受験戦争を勝ち抜く上位層は、中学受験程度では苦労しないのです。

桜蔭中学に入ってからは、親向けの入学説明会でいきなり印象的な一言が。それは「桜蔭中学校に入るのは、各地の塾や学校の中で、1番をとるような優秀なお子さんたち。ですが、入学後には彼女たちが同じ土俵で争うことになります。もちろん、それまでは1位を歩み続けていたとしても、優秀な子たちが集まる学校に入れば、結果的に最下位になってもおかしくありません。お子さんが挫折するかもしれないので、気にかけてあげてください」でした。考えてみれば当然ですが、とんでもない世界に来てしまったように思えます。

とはいえ、彼女の心配は杞憂に終わりました。相変わらず家では特別な自習をしていないにもかかわらず、中学校時代の成績は常に「中の上」程度。評定平均で言えば、10中の8以上をずっとキープできていたのでした。危機感を持つほどは勉強が難しくなったわけでもなく、適当にこなせる程度でした。事実、中学に入ってからも自習の時間はまったく増えませんでした。テスト前こそ多少は勉強しましたが、各科目1～2時間ずつ確認する程度。モチベーションも高くなく、片手間に流して「中の上」の成績をとっています。

もともと1位を突っ走ってきた彼女でしたが、「勉強ができたことはプライドではなく事実」と、自身の成績に対してはドライに考えています。桜蔭では1位をとれなかったことに対しても、「周りが優秀なだけであって、自分ができないわけではない」と冷静に接していたのだそうです。

部活動は週に1度。それと、課外活動として生徒会活動をずっと続けていました。また、週に2日は鉄緑会に通っていました。

鉄緑会に通おうと思ったのは、合格発表の時にもらったチラシに強い魅力を感じたから。もともと小学校時代の塾が楽しかったので、中学校でも塾に通おうとは考えていましたが、「合格おめでとう！　次は東大！」のインパクトと、無駄な飾りを使わずに淡々とデータを並べているその姿勢に強く共感したのでした。鉄緑会が、東大受験界隈において、非常に評判が高い塾なのは、後から知ったことでした。

中学入学したてのころはレギュラークラスにいましたが、中学2年生ごろからはオープンクラスに落ちました。それでも、勉強する内容は十分難しく、早い。週に2日間、英語と数学だけとはいえ、一度の授業時間は3時間にも及びます。なんと中学1年の間に中学カリキュラムの全範囲を、中学3年までに高校カリキュラムの全範囲を勉強するそうです。Wさん曰く「だいたいみんな食らいつくけれども、人によっては中学1年の冬ごろから脱落していく」。中学受験を勝ち抜いてきた猛者たちがかけられる、次なるふるいが鉄緑会でした。

Wさんにとって、鉄緑会での勉強は、やはり面白いものでした。桜蔭中学の授業内容も素晴らしいものであることは間違いないにもかかわらず、当時の彼女は「学校の授業よりも必要事項がコンパクトにまとまっている」と痛感させられました。3時間の授業時間を、ロスの少ないカリキュラムでみっちり教え込む、鉄緑会のスパルタ式指導法です。

ちなみに、鉄緑会の講師は、ほとんど大学生が務めています。これは、人材不足によるものではありません。常に、受験の最前線の情報を仕入れるためには、年をとったベテラン講師を採用するよりも、毎年学生講師を採用して、鉄緑会の持つノウハウを講師にインプットした方が効果的なのです。これにより、鉄緑会では常に講師から最新の受験事情について、生の情報を聞くことができます。学生たちからしても、講師陣の年齢が近いため、フレンドリーに接することができます。

鉄緑会に通い始めてからも、Wさんの生活リズムは変わりません。学校に行って授業を受けて、終わったら部活に行くか、塾に行くか。ストイックな暮らしぶりに見えますが、家での自由時間は確保できていましたし、彼女なりにのびのびとした青春時代を過ごしていました。学校や鉄緑会の宿題は、休み時間の間に大体終わらせてしまうので、家で勉強することはありません。鉄緑会の宿題といえば、「終わらない」ことで有名なのですが、Wさんは「2時間もあれば終わる」と仰っていました。ただ、この意見は「ロクに自習もしないで楽しく勉強していたら、中学受験の最高峰・桜蔭中学に合格できた」才女によるものです。おそらく同年代の子どもたちと比べても上位0・5%に入るくらいには勉強ができたであろう彼女ですら「2時間かかる」宿題なのですから、凡人であれば3倍～5倍の時間がかかっても不思議ではありません。

高校に上がってからも、彼女のスタンスは変わりません。ただし、一つだけ決定的に変化したことがあります。周りの生徒たちが、だんだん勉強についていけなくなり始めたのです。一方で、Wさんは中学と変わらず、一定の成績を維持し続けることができていました。そのため、彼女の成績は相対的に上がっていきます。高校のころの通知表には、10段階中の9と10が立ち並んでいました。

高校1年生の時に、文理選択がありました。彼女はやりたいことがあったので文系にしましたが、周りからは理系にすると思われるほど数学が得意だったようです。それを裏付けるように、鉄緑会のクラスは、数学だけ最上位のクラスでした。

高校に入ってからも勉強で苦労することは特にありません。彼女に言わせれば、「自分のできないところを見るよりも、できるところを見る方がよい」のだそうです。テストにせよ何にせよ、満点をとる必要はありません。今できる範囲のことを、しっかりカバーすれば、8割程度の点数は取れます。ポジティブな見方を捨てずに、自分自身を客観視できる彼女らしい言葉だと思います。ただ、彼女の場合は、何もせずともある程度なんでもカバーできていたので、普通の受験生の場合はまず「できないことを少しずつできるようにしていく」作業が必要でしょう。

高校に入ると、いよいよ大学受験を意識するようになったのか。そう思った筆者は、「いつから東大を目指そうと思っていましたか」と質問しました。その答えは、予想外なものでした。中学生の時、鉄緑会に入った瞬間から、東大に入ることを意識していたのでした。確かに、「中学合格おめでとう！　次は東大！」と書いてあるチラシを配る塾なのですから、「入塾する＝東大を目指す」のは当然と言えば当然です。ただ、今回の取材で異様だと感じたのは、鉄緑会での志望校の聞き方でした。鉄緑会の中で聞かれる「どこを受ける？」は「どこの大学を受ける？」の意味ではありません。「(東大の）どこを受ける？」の意味なのです。「東大に入るために入る塾である」意味がよくわかった気がします。

ところで、ここで折角なので、鉄緑会出身者のWさんに、鉄緑会についてどうしても気になっていたことを聞いてみました。それは、「鉄緑会の東大合格率は、高いと思うか」でした。一説によると鉄緑会の東大合格率は、50％。ただ、彼女の言うような素晴らしい指導が中高6年間も続いているなら、合格率がもっと高くても不思議でない気がします。特に中学校から入塾している人は、中学3年間で高校範囲までのすべての勉強を一周終えてしまうのです。すべての範囲を終えられれば、高校3年間をすべて実践演習に費やせます。いくら英数だけだとはいえ、これら2つの科目でそれだけのアドバンテージを得られたら、東大入試でも相当の効果を発揮するでしょう。

Wさんも、「鉄緑会の東大合格率はもっと高くても不思議ではない」と答えていました。その一方で、「自分は鉄緑会の敷いたレールをすべて走り切れた方の人間だから、落ちていく側の理由はわからない」とも付け加えていました。第2章で検討したような、「テンプレ東大生育成ルート」に子どもを乗せたら、確かに子どもは追い立てられるように勉強をするかもしれません。ただし、その勉強量をこなせるのか、結果が出るまで努力ができるのか、最後まで完走するスタミナがあるかは、各人の資質に依存します。いくら鉄緑会の敷くレールが優れたものであっても、そこを走るのは人間です。走者の性格によっては、最後まで走り切れない事態も容易に想像できます。総じて、東京大学に子どもを入れるためには中学受験をして合格させ、子どもを鉄緑会に入れるのが一番手っ取り早い方法であることは間違いありませんが、走り切る体力が前提のルートであることは留意しなければなりません。

常に優れた成績を残し続けてきたWさんに、どのような勉強法をしていたのか聞いてみました。基本的には、鉄緑会や、学校の授業をちゃんと聞くことをあげてくれました。自分には必要ないと勝手に決めつけて授業を聞き流す生徒が散見されますが、こうした生徒は不思議と共通して成績が悪いものです。授業をしっかり聞くことは、遠回りであるように見えて、実は合格への最短ルートになっているケースが少なくありません。大事なことは、先生がいま目の前でやったことを、手元でまったく同じように再現することです。そこに自分のオリジナリティは必要ありません。下手に自己流を混ぜず、形式に則って、答案の形式をフォーマットとして頭にインプットする。この作業が抵抗なくできれば自然と成績は上がっていくでしょうし、これができなければ、いつまで経っても型は身につきません。

また、音読作業を好んで行っていたようです。数学など記述が中心の科目は、特に記述の型が必要になります。頭の中に決まったフォーマットをインプットする時に、黙読では頭に入りにくいので、音読しながらリズムとして脳内に入れると効果的なのだそうです。

勉強のモチベーションの保ち方についても聞いてみました。彼女の場合は、塾が楽しかったうえに、辞めたいと思うタイミングはありませんでした。勉強自体も楽しく、苦しく感じるタイミングが存在しません。確かに、わからない部分が続くと嫌になるかもしれませんが、少なくとも高校までの勉強は一通り簡単に理解できた彼女にとっては、特に問題になりませんでした。

そんな彼女も東大受験本番では大いに焦らされたようです。数学で周囲と差をつけるつもりが、当日出題された数学の問題がとても簡単で、差がつかないことを悟ります。さらに、英語のリスニングがまったく聞き取れず、大苦戦。彼女としては珍しく、比較的手ごたえのないままに受験を終えました。とはいえ、さすがは小学校から受験界を渡り歩いてきた猛者。きっちり東大合格を勝ち取って、各所に合格報告をしたそうです。

次に、「もっとお金があったら楽に受験ができたか」聞いてみました。答えは〝NO〟。彼女の場合は、小学校から進学塾に通い、中学高校と私立学校に通いながら、やはり塾も両立しているハイエンド寄りのルートを通ってきているので、無理もありません。当時の自分を振り返って「お金のことを考えずに色々とおねだりしたのは、無邪気だったと思う」

としています。

一方で、お金をたくさん使って受験した彼女には、「お金をかけなかったら受験で苦労したと思うか」とも聞いてみました。これに対して、彼女は**「お金がなかった場合、自分は東大を受けなかった可能性が高い」**と答えてくれました。そもそも、彼女が東大に入ったのは、鉄緑会に入ったからです。どうして鉄緑会に入ったかといえば、それは桜蔭中学校に入学できたから。そのためには、小学校から日能研に通う必要があります。仮に、お金がなくて日能研に入れなかったら、彼女は受験人生を歩んでいませんでした。

おそらく、地元の中学校に行って、そこから適当な目指せる範囲の高校に入学し、無難な大学に進学して一生を送っていたのではないかと予想しています。「日能研」「桜蔭中学・高等学校」「鉄緑会」と、各所で優れた受験ノウハウを与えられて、吸収し続けてきましたが、彼女自身はノウハウを新しく生み出すのは得意ではないと言います。そういった意味で、塾に入れたことが彼女の幸せだったと言えるかもしれません。

最後に、受験人生の始まりとなった「中学受験」の意義についても尋ねました。これは二つの方向性で答えられることを教えてくれました。ひとつは、上位層の救済。Wさんのように、勉強ができすぎるがあまり、普通の学校で浮いてしまう子どもたちにとって、のびのびと羽を伸ばしながら勉強できる環境は、この上ないものです。上に突き抜けすぎている子どもたちに居場所を提供できるのは、中学受験の大きな意義でしょう。

もうひとつは、下位層の逃げ場でした。例えば、筆者である私がそうなのですが、一部の地域に生まれた場合、地域の中学校が荒れていることがあります。治安の悪い地域や、学校などで自分が迫害される危険性のある場所から、自衛のために私立中学を受験することには、やはり一定の意義があると言えます。

ただし、**受験はあくまで自分でやるべきもの**です。自分がやりたいと思っているからやるものであり、誰かにやらされるものではありません。鉄緑会の東大合格率のくだりでも「受験人生を走り切れるかは本人の資質次第」と書きましたが、これには本人の意思が大きく関係しているのではないかと考えています。

受験生として頑張り続けるのは、大変な苦労が必要です。周りの子には負けないように、自分の実力を伸ばし続けなくてはいけません。常に抜かし抜かされるプレッシャーの中で、成績を上げるためには、心の中心に軸が必要です。例えば、「東京大学に行って〇〇学を勉強したい」人もいるでしょうし、私のように「東京大学に合格して、将来を安定させたい」人もいるでしょう。あるいはWさんのように、受験そのものを楽しみながら走り切れる人もいるかもしれません。これらの本能的な自分本位の欲求こそが、頑張る糧になるのではないでしょうか。

親や先生などに言われた受験には、この軸が存在しません。「お母さんが行けと言っているから」「○○先生が期待しているから」など、これらの理由は、最初に走り出す理由にこそなりますが、ずっと走り続けるために何度も見返すことのできるものではありません。

最終的には、自分自身のエゴが必要になると、私は考えています。そうした意味で、中学受験にかかわらず、すべての受験は、子どもの自主性に則って行われるべきと言えるでしょう。

この本を書いてみて、一つわかったことがあります。それは、中学受験だけが東大に受かる道筋ではないことです。

これまでは、「きっと、中学受験をすることが、東大に合格するための最適な道筋なのだろう」と考えていました。実際、たくさんのお金をかけるルートを選択するのであれば、これは最適解に近しいものになります。

とはいえ、それだけが本筋ではありません。第2章でも検討し、第4章でもいくらか実例を見てきたように、公立中学校、公立高校を辿って東京大学に合格することのできるルートはあります。これらに気がつかないのは、ひとえに過熱しすぎた中学受験と、それをあおる一部の塾や予備校の責任があると思います。

私は、「中学合格おめでとう。次は東大」なんて文句は、狂っていると思いました。どうして、たかだかひとつの予備校に、自分の人生を左右されなくてはいけないのか。彼らの世界においては、まるで東大か、それ以外かのように人間を扱います。東大に行かなければ人間ではないのでしょうか。私は、東大に行くまでにすべてを捧げなくてはならないのであれば、東大なんか行きませんでした。

私が今東大生として勉強や仕事に励んでいるのも、一つの偶然でしかありません。所詮は「家から近くて国公立なので通いやすい大学」だったから通っているにすぎないのです。常々言っていることですが、私は京都に生まれていれば京都大学を目指していましたし、福岡に生まれていれば九州大学を目指していました。近くに国立大学がない地域だったなら、大学を目指してすらいないかもしれません。

それに、実際には、東大に入ってからも人生は苦悩の連続です。大学の成績に悩み、人間関係に悩み、就職活動でも悩みます。私の体感で一番多いのは、それまでの人生を振り返っての人間関係の悩み。「男子校に入らないで共学の高校に入っていれば、こんなに女の子が苦手にならなかった」「中学受験なんかしなかったら、もっと早くから人生を楽しめた」そんな悩みを聞くことが多いように思います。確かに、彼ら彼女らの多くは、日本や世界を代表するような大企業に就職していくのかもしれません。そうして、多くの収入を手にすることでしょう。ですが、それは本当に「幸せ」なのでしょうか？　過ぎ去った時間は、もはや戻ってこないのです。

たくさんのお金をかければ、きっと幸せに準じたものは手に入ります。しかしながら、我々はいまだに幸せを定義できてはいません。

目を覚ましてください。東大以外の選択肢も考えてください。どうしてそこまで東京大学にこだわっているのですか？　あなたのお子さんには、あなたのお子さんの人生があります。まだ小さなころからそこを目指して受験戦争のレールに乗せるのは、もしかしたら残酷な行為かもしれないことに気がついてください。

確かに、小学校やそれ以前のお子さんにとって、将来のことを考えるのは難しい問題になるでしょう。代わりに親が将来のことを考えてあげるのもいいかもしれません。ですが、だからといって10歳からの（もしかすると、それまでも）人生のうちの大半を勉強に捧げる選択を喜ぶかどうかは、わかりません。教育投資に熱心なことはいいかもしれませんが、そのすぐ隣には「教育虐待」が控えているかもしれません。

子どもを愛するがゆえに東京大学に入れたいのであれば、それは子どもとしっかり相談してあげる選択肢はないのでしょうか。中学、高校に入ってからでも遅くはありません。子どもの自主性が芽生えた時点で、行きたい大学についてしっかりと話し合って、自分の生きたい道を選択させることが、何より大事なのではないでしょうか。少なくとも、「東京大学に合格すればすべての問題が解決する」なんてことはありません。仮に、東大への関門を教育投資と狂気の力で無理やり突破させたとしても、お子さんの人生に待っているのは地獄へ直結した道だけです。

東大に行く選択肢を考えるのは、中学校2年生からでも遅くはありません。もし塾に行けるなら、高校に入ってからでも可能です。小学4年生から9年も先のことを考えるのは、あまりに早計だと思いませんか？　親は「たった9年我慢するだけで、社会での無条件の信頼が得られる」と考えるかもしれませんが、その9年間の間に、どれだけの「ありえたかもしれない大切な思い出」が失われるかわかっていますか？

東大に行くために必要なのは、あくまで「東大に行けるだけの環境」です。決して「難関名門私立中学への合格」でもなければ、「鉄緑会への入会」でもありません。そこに行ける環境さえ整っていれば、人は好きな大学へ行けます。ですから、考えるべきは「どうやって大学に入れようか」ではなく、「どうやって選択肢の取れる環境を整えようか」です。中学校や高校を大学入学のための手段もしくは通過点としてしか考えないような見方は、異様であると気付くべきです。

私は、一人でも多くの子どもが、自分の進みたい道を主体的に選択できるといいと考えています。もしかしたら、その道はペーパーテストではなく、推薦入試によって開かれていくのかもしれません。推薦入試は色々な環境を体験し、経験を積むことができる富裕層が有利な試験になりがちではありますが、その一方で、受験生のやる気と志望理由から重点的に判断するため、より志望者のやりたいことを学びやすい環境が整えられます。

東京大学も2016年から推薦入試を開始しています。まだ10回にも満たない歴史の浅い入試方式ではありますが、これもまた、時代の流れの一つではないかと思えます。どうして日本でも有数の難関大学である東京大学が、推薦入試を導入したのか。それは、行き過ぎた狂気的な早期教育ブームと受験ブームや、それによって生み出されてきた、主体性のかけらもない抜け殻のような東大生たちに対して警鐘を鳴らすためであるような気がしてなりません。

子どもは子どもであって、一人の人間です。一個の替えのきく「人材」ではありません。

子どもに幻想を押し付けるようなことだけはあってはならないと考えています。本当の幸せはどこにあるのでしょうか。少なくとも、親のエゴと見栄による中学受験現場のど真ん中にないことだけは確かでしょう。

最後に、この本を書くにあたって、株式会社カルペ・ディエムの西岡壱誠社長と、同社の亀田峻くん、また、アンケートやインタビューにご協力くださった東大生のみなさん、そして星海社の片倉さんには大変お世話になりました。特に、本書を執筆するきっかけとなった「東大生100人アンケート」は、カルペ・ディエムの皆様と、星海社の皆様のご協力なしには立ち行かないものでした。この場をお借りして、お礼申し上げます。

星海社新書
286

東大合格《とうだいごうかく》はいくらで買《か》えるか？

二〇二四年二月一九日 第一刷発行

著者 布施川天馬《ふせがわてんま》

発行者 太田克史《おおたかつし》
編集担当 片倉直弥《かたくらなおや》

発行所 株式会社星海社
〒一一二-〇〇一三
東京都文京区音羽一-一七-一四 音羽YKビル四階
電話 〇三-六九〇二-一七三〇
FAX 〇三-六九〇二-一七三一
https://www.seikaisha.co.jp

発売元 株式会社講談社
〒一一二-八〇〇一
東京都文京区音羽二-一二-二一
（販売）〇三-五三九五-五八一七
（業務）〇三-五三九五-三六一五

印刷所 TOPPAN株式会社
製本所 株式会社国宝社

アートディレクター 吉岡秀典《よしおかひでのり》（セプテンバーカウボーイ）
デザイナー 榎本美香《えのもとみか》
フォントディレクター 紺野慎一《こんのしんいち》
図版 ジェオ
校閲 鷗来堂《おうらいどう》

ISBN978-4-06-535182-6
Printed in Japan

286
SEIKAISHA SHINSHO